Albino Luciani

Vom Wert der Familie

Albino Luciani

Vom Wert der Familie

:STYRIA

Die Texte wurden aus dem Italienischen übersetzt
und für dieses Buch zusammengestellt von
Regina Kummer und Josef Helmut Machowetz.

Die Deutsche Bibliothek – CIP-Einheitsaufnahme

Johannes Paulus <Papa, I.>:
Vom Wert der Familie /Albino Luciani.
Aus dem Ital. von Regina Kummer und Josef Helmut Machowetz. –
Graz ; Wien ; Köln : Verl. Styria, 2001
ISBN 3-222-12859-6

Umschlaggestaltung: Zembsch'Werkstatt, München
Druck und Bindung: Wiener Verlag, Himberg
ISBN 3-222-12859-6

INHALT

Was ist die Ehe?

Einige Monate vor seiner Ernennung zum Patriarchen von Venedig hat Bischof Luciani in mehreren Fortsetzungen in der Wochenzeitung der Diözese Vittorio Veneto „L'Azione" (Januar bis März 1969) „Gedanken über die Familie" veröffentlicht. Dabei war es sein Anliegen, jenen Menschen seiner Diözese, welche die Konzilsdokumente voraussichtlich nie lesen würden, die Lehre des II. Vatikanischen Konzils zu dieser Thematik in einer einfachen und plastischen Sprache zur Kenntnis zu bringen. Aus diesen „Gedanken" stammt ein Großteil der folgenden Texte.

Als das Konzil über die höchste und heilige Würde des Ehestandes schrieb, wollte es die Menschen „belehren und bestärken" (*Gaudium et spes*, Nr. 47). Ich habe mir das gleiche Ziel vorgenommen, wenn ich für die Wochenzeitung *L'Azione* einige Gedanken über die Familie niederschreibe.

Die Ehe ist weder ein Käfig ...

Ich beginne mit der Liebe der Eheleute. In der Vergangenheit wurde sie nicht immer sehr hoch eingeschätzt: Bei der Eheschließung überwogen oft das Kalkül und die Zweckmäßigkeit. Montaigne zum Beispiel stellte die Ehe in einer theoretischen Abhandlung als eine Gemeinschaft dar, die allein durch ihre beständigen und nützlichen Leistungen von Wert ist. Die Liebe der Verlobten und der Eheleute war für ihn reine Illusion: „Die Ehe", so sagte er, „ist eine Art geschmückter und vergoldeter Käfig: Die Vögel draußen setzen alles daran, hineinzukommen, und die, die drinnen sind, kämpfen darum, herauszukommen." Das Konzil hingegen nimmt mit Freude zur Kenntnis, daß „viele Menschen unserer Zeit die wahre Liebe zwischen Mann und Frau hochschätzen"; es beruft sich auf acht Stellen der Heiligen Schrift, in denen Gott die „Braut- und Eheleute mehrfach auffordert, in keuscher Liebe ihre Brautzeit zu gestalten und in ungeteilter Liebe ihre Ehe durchzuhalten und zu entfalten" (*Gaudium et spes*, Nr. 49).

... noch eine Falle ...

Gut zweiunddreißig Mal erwähnt das Konzil in einem Kapitel die Liebe der Eheleute oder der Verlobten. Das mag übertrieben erscheinen; diese Hartnäckigkeit kann aber von Vorteil sein, wenn sie dazu beiträgt, das übertriebene Mißtrauen zu überwinden, welches oft auch bei gebildeteren Leuten anzutreffen ist. Der große Lacordaire zum Beispiel war enttäuscht, als er hörte, daß Frédéric Ozanam, ein Professor an der Sorbonne und eine wahrhaft vielversprechende Hoffnung der Kirche, geheiratet hatte: „Nun ist auch er in die Falle gegangen!", entschlüpfte es ihm. Diese Äußerung Lacordaires wurde Pius IX. berichtet. Bei der erstbesten Gelegenheit gab er seinem Mißfallen darüber Ausdruck und sagte zu ihm: „Wie denn, Pater, ich habe immer sagen gehört, Jesus hätte sieben Sakramente eingesetzt. Und jetzt kommen Sie daher und erzählen mir etwas von sechs Sakramenten und einer Falle!"

... sondern etwas Großartiges!

Die Ehe ist in der Tat keine Falle, und das Konzil greift auf den heiligen Paulus zurück, der geschrieben hat: „Ihr Männer, liebt eure Frauen, wie Christus die Kirche geliebt und sich für sie hingegeben hat" (Eph 5,25). Damit erklärt es in schlichten Worten: Wollt ihr eine Vorstellung von der Kirche haben? Dann denkt an die zärtliche und aufrichtige Liebe zweier Eheleute. So werdet ihr verstehen, was die Kirche ist, welche Beziehungen sie zu Christus hat und wieviel sie wert ist! Und umgekehrt: Wollt ihr die Zärtlichkeit und die Großherzigkeit der echten ehelichen Liebe verstehen? Dann denkt an die Liebe Christi zu seiner Kirche!

Das Konzil fährt fort: „Diese Liebe, die auf gegenseitige Treue gegründet und in besonderer Weise durch Christi Sakrament geheiligt ist, bedeutet unlösliche Treue, die in Glück und Unglück Leib und Seele umfaßt und darum unvereinbar ist mit jedem Ehebruch und jeder Ehescheidung" (*Gaudium et spes*, Nr. 49).

Das ist wunderschön zu hören. Aber auch leicht zu tun? Nein, an diesem Punkt erkennt das Konzil die Forderungen, die an die Eheleute gestellt werden: große, über das normale Maß hinausgehende Tugend, „Festigkeit in der Liebe, Seelengröße und Opfergeist". Alle diese Dinge müssen von den Ehepartnern beständig gepflegt und im Gebet erfleht werden (vgl. *Gaudium et spes*, Nr. 49).

Es gab einen Wettbewerb. Es sollte die beste Antwort auf folgende Frage ausgezeichnet werden:
– Was ist das Schönste, das ein Mann seiner Frau sagen kann?
Der Preis wurde einer Frau zuerkannt, die diese Antwort gegeben hatte:
– Das Schönste, was ein Mann seiner Frau sagen kann, ist, wenn nachts um drei Uhr das Baby anfängt zu schreien und er zu ihr sagt: „Bleib liegen, Schatz, ich gehe schon!"

Ein kleiner Junge fragt seine Mutter:
– Mama, was sagen die Leute zueinander, wenn sie heiraten?
– Sie versprechen, sich zu lieben und sich immer mit Respekt zu behandeln.
Nach einem kurzen Schweigen sagt der Kleine:
– Also dann, Mama, bist du nicht immer verheiratet!

Das Konzil hat die Ehe den „Bund ehelicher Liebe" genannt (*Gaudium et spes*, Nr. 48) und mit größter Hochachtung von ihr gesprochen. Es scheint jedoch, daß viele sie heute geringschätzen. Manche wollen zwar die Liebe, aber ohne eine feste Bindung. Andere wollen auch diese Bindung eingehen, aber nur in Form der zivilen Eheschließung und nicht als heiligen Bund der Ehe. Wieder andere kommen zwar zur Hochzeit in die Kirche, aber ohne klare Vorstellungen und Überzeugungen oder ohne die entsprechende Vorbereitung. Der Dichter Goldoni hat in seinem Stück „La casa nova" eine solche schlecht vorbereitete Ehe beschrieben. Sie, Cecilia, ist von ihrem Temperament her launisch und herrschsüchtig. In ihrer Großtuerei und Gier nach einem luxuriösen Leben verpraßt sie mit ihren verrückten Einkäufen nach und nach das gesamte Vermögen ihres Mannes. Er, Anzoletto, ist leidenschaftlich in seine Frau verliebt, aber er ist ein nachgiebiger Schwächling und läßt es schließlich soweit kommen, daß er aufgrund ihres aufwendigen Lebens von den Gläubigern unbarmherzig verfolgt wird. Goldoni, dem die Poesie des häuslichen Lebens am Herzen liegt und der die menschlichen Probleme immer mit einem wohlwollenden Auge betrachtet, führt den Fall zu einem glücklichen Ende: Cecilia erfaßt die prekäre Situation und legt gewissermaßen den Rückwärtsgang ein, indem sie ihren Onkel Cristofolo dazu bewegt, die aufgelaufenen Schulden zu bezahlen und alles wieder in Ordnung zu bringen. Verzeiht mir das profane Beispiel, aber es stammt ja aus dieser Gegend, aus Venedig. Verlobte und Eheleute lehrt es vor allem zwei Dinge: Man muß sich schon vor der Ehe einen guten Charakter aneignen, so daß man fähig ist, sich auf den anderen einzustellen und mit ihm zu harmonieren. Das ist viel mehr wert als Geld, Würden und Reichtum. Und wenn man einmal verheiratet ist und es kommt zu irgendwelchen Kurzschlußhandlungen, weil einem das Temperament durchgeht oder weil eben zwei verschiedene Charaktere aufeinanderprallen, dann muß man fähig sein, den anderen zu verstehen, sich anzupassen und den angerichteten Schaden wiedergutzumachen, indem man, wie es sich für einen Christen ziemt, die kleinen und unvermeidlichen häuslichen Gewitter wieder beruhigt. Dazu ist aber die Hilfe des Sakramentes der Ehe nötig, nämlich die Gnade Gottes.

Gefährdete Liebe

Die eheliche Liebe hat in der Tat zahlreiche Feinde. Einige solche Hindernisse will ich hier anführen.

Das unbeständige Herz
Wer klug ist, der weiß, daß man sein Herz unter Kontrolle halten muß. Es kann jedoch geschehen, daß man sich täuscht. Man glaubt, die Wachsamkeit bisweilen etwas lockern zu können, und erlaubt sich die eine oder andere Abweichung.

„Doch nur für einen Augenblick! Niemals werde ich mein Gehege verlassen! Nur einen Blick hinter die verschlossenen Türen, um zu sehen, wie das Leben da draußen so ist!" Nun kann es aber sein, daß die Türen zufällig geöffnet sind. Aus dem Augenblick wird eine Stunde, aus der Stunde wird Verrat. „Was gedenkt ihr zu tun? Die Leidenschaft kosten, nicht wahr? Aber niemand gibt sich der Leidenschaft hin, ohne nicht gerne bei ihr zu verweilen, gefangen aus Notwendigkeit. In diesem Spiel ist der, der nimmt, verloren ... Ich möchte nur ein bißchen davon nehmen, wird mir jemand sagen, aber nicht zuviel. O weh ... Das Feuer der Leidenschaft ist aktiver und drängender, als es scheinen mag. Ihr glaubt, nur einen Funken davon mitbekommen zu haben. Aber ihr werdet erstaunt sein, wie sich das Herz in Blitzesschnelle entzündet, wie eure Vorsätze zu Asche zerfallen und wie sich euer Ansehen in Rauch auflöst" (Franz von Sales, *Philothea* 3,18).

Immer ein bißchen verliebt
Ein anderes Hindernis für die eheliche Liebe ist die Eintönigkeit. Jeden Tag sind die Eheleute mit den gleichen prosaischen Pflichten des Haushalts beschäftigt. Er befürchtet, daß seine Freunde ihn einen Schwächling nennen, wenn er auf das Kartenspiel verzichtet, um seiner Frau Gesellschaft zu leisten. Sie glaubt, Zeit zu verlieren, wenn sie ihre Tätigkeiten unterbricht, um ein wenig mit

ihm zu plaudern. Und so werden sie sich dann eines Tages eingestehen müssen, daß, was ihre Gefühle füreinander betrifft, wohl schon fast alles gesagt worden ist, daß ihre Liebe nur mehr in der Rückbesinnung auf Vergangenes besteht und in den Erinnerungen daran, wie sie einmal war. In dieser Situation lebt man gefährlich, wie die Dreißig- oder Vierzigjährigen, die Paul Bourget in seinem Roman „Der Mittagsdämon" so vortrefflich analysiert hat. Es gibt aber ein Gegenmittel: die eigene Liebe erneuern können. Ein Ehemann soll nicht aufhören, seiner Frau ständig ein wenig den Hof zu machen; und die Ehefrau soll sich immer bemühen, ihren Mann durch Aufmerksamkeiten und Freundlichkeiten zu umschwärmen. „Die Liebe und die Treue, beide zusammengenommen, erzeugen immer Innerlichkeit und Vertrauen. Deshalb haben die Heiligen, Männer und Frauen, in ihrem Ehestand viele gegenseitige Zärtlichkeiten ausgetauscht. So wurden Isaak und Rebekka (das keuscheste Ehepaar der Antike) durch das Fenster dabei beobachtet, wie sie sich liebkosten. Und zwar in einer solchen Weise, daß es, obwohl nichts Unanständiges dabei war, für Abimelech klar war, daß diese beiden nichts anderes als Mann und Frau sein konnten. Dem heiligen Ludwig, dem großen König, wurde beinahe zum Vorwurf gemacht, daß er mit derlei Zärtlichkeiten übertreibe ... kleine notwendige Zeichen für die Bewahrung der ehelichen Liebe" (Franz von Sales, *Philothea* 3,38).

Eifersucht ist zerstörerisch
Ein drittes Hindernis, die Eifersucht, adelt nicht die Liebe, wie manchmal geglaubt wird, sondern sie demütigt und korrumpiert sie. „Es ist Dummheit, die Liebe durch die Eifersucht rühmen und aufwerten zu wollen. Es stimmt, ja, die Eifersucht ist sehr wohl ein Indikator für die Größe und Kraft des Gefühls, aber nicht für seine Güte, seine Reinheit und seine Vollkommenheit. Wer hingegen wahrhaftig liebt, ist sich sicher, daß der geliebte Mensch aufrichtig und treu ist. Wer eifersüchtig ist, zweifelt an der

Treue des geliebten Menschen." So der heilige Franz von Sales. Und weiter: „Die Eifersucht endet damit, daß sie das Wesen der Liebe zugrunde richtet, denn sie erzeugt Gegensätze und Widersprüche" (*Philothea* 3,38).

Gegensätze und ihre Überwindung
Diese Gegensätze und Widersprüche stellen ein viertes Hindernis dar für die eheliche Liebe. Auch die besten Eheleute haben ihre Augenblicke, in denen sie müde und schlecht gelaunt sind. Dagegen muß man Abhilfe schaffen, ohne den Frieden zu gefährden. Er ist verärgert und blickt finster drein? Das ist für sie der Zeitpunkt, besonders zärtlich und liebevoll zu sein. Sie ist nervös und müde? Nun liegt es an ihm, die Ruhe zu bewahren und das Aufhellen der Gewitterwolken abzuwarten. Das Wichtige daran ist, daß seine und ihre Nervosität nicht zeitlich zusammenfallen. Wenn sie sich überlappen, ist der Kurzschluß vorprogrammiert. Blitze zucken auf, Worte rutschen einem heraus, die, da sie manchmal nur allzu wahr sind, eine traurige Wahrheit sind, weil sie Enttäuschungen, Groll und heimliche Verletzungen hervorrufen.
Wenn man nun diese häßlichen Augenblicke schon nicht vermeiden kann, wäre es natürlich am besten, wenn jeder der beiden seinen eigenen Rhythmus an schlechter Laune hätte. Leider geschieht es aber bisweilen, daß einer von ihnen ein Monopol darauf hat! In diesem Fall bleibt dem anderen nichts weiter übrig, als seinen ganzen Mut in beide Hände zu nehmen und zu versuchen, das Monopol an Geduld aufzubringen!

Die Rolle der Frau

Gott schuf den Menschen als sein Abbild; als Abbild Gottes schuf er ihn. Als Mann und Frau schuf er sie" (Gen 1,27). Es ist dies die erste Nennung der Frau in der Bibel, und daraus geht hervor, daß Mann und Frau nur *gemeinsam* das wahre Abbild Gottes sind. Getrennt sind sie dieses göttliche Abbild nur zum Teil.

Die zweite Nennung der Frau in der Bibel ist noch bezeichnender. In volkstümlicher Weise wird Adam als Beherrscher der Welt dargestellt, aber er scheint freudlos dahinzuleben, isoliert zu sein inmitten zwar großartiger, aber ihm doch unterlegener Lebewesen. Doch kaum hat ihm Gott die Frau zugeführt, wird Adam hellwach, und was er in seinem Entzücken zum Ausdruck bringt, ist das erste Liebeslied der Weltgeschichte: „Das endlich ist Bein von meinem Bein und Fleisch von meinem Fleisch ... Darum verläßt der Mann Vater und Mutter und bindet sich an seine Frau, und sie werden *ein* Fleisch" (Gen 2,23–24).

Hier, bei der Frau, wird auch von Liebe und ehelichem Einssein gesprochen. Diese Liebe ist so, daß sie der Liebe zu Vater und Mutter vorgezogen wird. Und das Einswerden geschieht so, daß die Persönlichkeit des Mannes sich in der Frau vollendet und umgekehrt.

Ein großartiger Plan Gottes, ehrenvoll für den Mann wie für die Frau: Doch leider, die Sünde macht ihn zunichte. Hören wir, was Gott zu der Frau sagt: „Unter Schmerzen wirst du Kinder gebären. Du hast Verlangen nach deinem Mann; er aber wird über dich herrschen" (Gen 3,16).

Die Frau wird Leiden und Schmerzen zu ertragen haben, die nicht hätten sein müssen. Beim Mann wird – zum Schaden des Mannes selbst – autoritäres Gehabe („er wird über dich herrschen") an die Stelle von Rücksichtnahme und Zärtlichkeit treten, und sein Verständnis für all das, was die Frau ihm an Liebe und sonstigen Gaben zu schenken vermag, wird immer mehr schwinden.

Ist für die Bibel die Frau nur eine „Gebärmaschine"? Sieht sie in ihr vor allem die Mutter möglichst vieler Kinder? Sicherlich, Gott hat zum ersten Ehepaar gesagt: „Seid fruchtbar und vermehrt euch, bevölkert die Erde" (Gen 1,28), und oft erscheint den Juden die Fruchtbarkeit wie ein großer Segen (vgl. Ps 127). Es wird aber auch betont, daß es nicht so sehr wichtig ist, viele Kinder zu haben, sondern wohlerzogene Kinder. „Wünsch dir nicht schöne Kinder, wenn sie nichts taugen ... Mögen sie auch zahlreich sein, freu dich nicht über sie, wenn sie keine Gottesfurcht besitzen" (Sir 16,1–2). An einer anderen Stelle heißt es, daß der Wert der Frau nicht in ihrer Fruchtbarkeit liegt, sondern in ihr selbst: „Selig ist die Kinderlose, die unschuldig blieb und kein Lager der Sünde kannte" (Weish 3,13). „Wer eine Frau gefunden hat, hat Glück gefunden und das Gefallen des Herrn erlangt" (Spr 18,22). An anderen Stellen wird die eheliche Liebe gepriesen. Im Hohenlied faßt die Braut den Ausbruch ihrer Leidenschaft für den Geliebten in so feurige Worte, daß sie bei uns abendländischen Menschen nur Staunen hervorrufen. Im Buch der Sprichwörter wird dem Mann empfohlen: „Freu dich der Frau deiner Jugendtage, der lieblichen Gazelle, der anmutigen Gemse! Ihre Liebkosung mache dich immerfort trunken" (Spr 5,18–19). „Viel zu oft" – hat Paul VI. dazu gesagt – „schien die Kirche, sehr zu Unrecht, der menschlichen Liebe zu mißtrauen. Deshalb wollen Wir es heute klar aussprechen: Nein, Gott ist nicht der Feind der großen humanen Wirklichkeiten. Die Kirche stellt in keiner Weise die von Tausenden Familien täglich gelebten Werte in Abrede."

Es gibt die Meinung, das Alte Testament würde die Frau im Hause einsperren und sie von der Öffentlichkeit fernhalten; erst Jesus Christus habe den Mut gehabt, sie aus dieser Isolation zu befreien. Das stimmt nicht ganz. Man wirft dem Buch der Sprichwörter vor, im „Lob der tüchtigen Frau" (Spr 31,10–31) nur die Hausfrau im Sinn gehabt zu haben. Doch von der Frau wird darin auch gesagt: „Sie gleicht den Schiffen des Kaufmanns: Aus der Ferne holt sie ihre Nahrung ... Sie überlegt es und kauft einen Acker." Hausfrau ja, aber alles andere als im Hause eingesperrt. Nicht im Hause eingesperrt war auch die Prophetin Debora, die ihren Sitz unter der Palme hatte und die Streitigkeiten der Leute schlichtete. Sie war nicht nur äußerst klug, sondern auch eine so mutige und tapfere Frau, daß sie sogar einen so furchtsamen Mann wie den Richter Barak damit ansteckte, so daß er sich an die Spitze des Heeres stellte und es zum Sieg führte (vgl. Ri 4–5). Auch die Prophetin Hulda scheut sich nicht, den König Joschija mit drohenden Worten zur Umkehr zu zwingen (vgl. 2 Kön 22,14–20). Noch energischer als Hulda tritt die Witwe Judit in Erscheinung, die standhaft und fest Entscheidungen trifft, Taten vollbringt, ja sogar tötet, um die eigene Stadt zu retten. Dafür wird sie vom Volk umjubelt. Ein weiterer Vorwurf lautet, die Bibel vermittle ein pessimistisches Bild der Frau. Darauf antworte ich: Es ist ein ganz realistisches Bild. Was soll man denn Gutes sagen von der Frau Potifars, von Delila, Isebel, von Atalja und Herodias? Zur Zeit des Propheten Amos gibt es Frauen, welche „die Schwachen unterdrücken und die Armen zermalmen und zu ihren Männern sagen: Schafft Wein herbei, wir wollen trinken!" Kein Wunder, wenn der Prophet sie mit der nicht sehr schmeichelhaften Bezeichnung „Baschankühe" brandmarkt (Am 4,1). Jesus Sirach gilt unter den biblischen Autoren als am meisten „frauenfeindlich". In Wirklichkeit versucht er nur, zwei Bilder einander näherzurücken: hier die Megäre am königlichen Hof, dort die liebenswürdige und verständnisvolle Braut. Von der ersten sagt er: „Lieber mit einem Löwen oder Drachen zusammenhausen, als bei einer bösen Frau wohnen" (Sir 25,26). Und von der zweiten: „Die Anmut der Frau entzückt ihren Mann ... unbezahlbar ist eine Frau mit guter Erziehung" (Sir 26,13–14). Die klugen Frauen in der Bibel sind Legion: Man braucht nur an die Frauen der Patriarchen zu erinnern, etwa an Rahel, für die Jakob sieben Jahre diente; und „weil er sie liebte, kamen sie ihm wie wenige Tage vor" (Gen 29,20). Einige der Frauen, die aus Schwachheit auf Abwege geraten sind, werden rehabilitiert: Von den vier, die im Stammbaum Jesu aufscheinen, waren zum Beispiel drei Sünderinnen: Rahab eine Dirne, Tamar eine Blutschänderin, Batseba eine Ehebrecherin. Und Christus hat nichts dagegen, von ihnen abzustammen!

D ie Kirche – so hörte ich sagen – hätte die Mentalität der Juden übernommen, welche die Frau als dem Manne unterlegen erachteten, sie vom Morgen- und Tischgebet fernhielten und ihre Teilnahme auf das öffentliche Gebet beschränkten. Man stützt sich bei diesem Einwand auf den Talmud. Doch der Talmud wurde 400 Jahre nach Christus geschrieben: Es ist nicht zu leugnen, daß er uns beim rechten Verständnis des Evangeliums in manchen Punkten behilflich sein kann, aber es stimmt auch, daß er voller Fabeln und Sonderlichkeiten ist. Wir können mit gewissen Rabbinen der Frühzeit, welche die Bibel für Silber und den Talmud für Gold hielten, nicht übereinstimmen. Wir haben die Apostelgeschichte, die uns die erste kleine christliche Gemeinde vor Augen führt, wie sie betend das Kommen des Heiligen Geistes erwartet. Sie besteht aus den elf Aposteln und einigen „Frauen mit Maria, der Mutter Jesu" (Apg 1,14). Was das öffentliche Gebet betrifft, so braucht man nur an die biblischen Gesänge von Mirjam, der Schwester des Mose (Ex 15,20), von Hanna (1 Sam 2,1–10), Debora (Ri 5,2–31), Judit (Jdt 16,1–17) und vor allem an das „Magnificat" Mariens (Lk 1,46–55) zu erinnern. Sie alle finden in der Liturgie der Kirche seit Jahrhunderten häufige Verwendung.
Man zitiert auch manchmal Aussagen von Kirchenvätern und Theologen, die von einer gewissen Geringschätzung der Frau zeugen. Aber eine Schwalbe macht noch keinen Sommer, sagte schon Aristoteles. Andere Kirchenväter und Theologen heben die Frauen dafür in den Himmel.

Ich zitiere Hieronymus, der von manchen, die ihn nur oberflächlich gelesen haben, als Weiberfeind betrachtet wird. In der Einleitung zum Buch Zefanja schreibt er: „Man müßte ganze Bücher schreiben, um die wirkliche Größe der Frau darstellen zu können." Und anderswo: „Das schwache Geschlecht hat über das Zeitalter gesiegt; das starke Geschlecht wurde vom Zeitalter besiegt" (*Brief* 122). „Während die Männer schwiegen, haben Hulda, Hanna und Debora prophetisch geredet; im Dienste Gottes ist nicht der Unterschied des Geschlechts von Bedeutung, sondern nur die innere Einstellung" (*Brief* 120). Das waren für Hieronymus nicht nur leere Worte: In Rom arbeitet die adelige Dame Marcella mit ihm an der Übersetzung des Neuen Testamentes; in Betlehem helfen ihm Paula und Eustochium bei der Revision der Evangelienübersetzung und bei der schwierigen Aufgabe, die Bücher des Alten Testamentes aus dem Hebräischen zu übersetzen.

Hat die Kirche die Frau abgewertet, indem sie sie vom Studium fernhielt und ihre intellektuelle und geistliche Weiterbildung vernachlässigte? Ich will nur einige Namen und Fakten aufzählen. Es gab – von der Kirche anerkannt – Äbtissinnen mit Ring, Mitra und Stab, die jahrhundertelang echte Autorität, ähnlich jener der Bischöfe, über Pfarren und Abteien ausübten. Im benediktinischen Zweig von Fontevrault hatte die Äbtissin administrative Gewalt auch über die Mönche. Eine ähnliche Situation finden wir im Erlöserorden, der von der heiligen Brigitta von Schweden gegründet wurde. Die Zisterzienseräbtissinnen von Huelgas und Conversano sollen sich sogar weitgehender Sonderrechte gegenüber Pfarreien und kirchlichen Institutionen erfreut haben. Für Conversano (das „Monstrum Apuliae") anerkennt ein Dokument der Konzilskongregation aus dem Jahre 1709 grundsätzlich solche Privilegien, auch wenn es sie ein wenig einschränkt: Mitra und Stab ja, aber sie dürfen nur neben der Äbtissin auf einem Tischchen deponiert sein; der Kuß ist nur auf die Hand erlaubt, und die Äbtissin muß dabei Handschuhe tragen;

die Priester dürfen vor der Äbtissin keine Kniebeuge machen, sondern bloß eine Verneigung.

Das sind natürlich Ausnahmen, sie zeigen jedoch, daß die Kirche die Frau keineswegs geringschätzte. In den mittelalterlichen Frauenklöstern stand das Studium der Mädchen hoch in Ehren. Zur Zeit der Karolinger verfaßte eine Herzogin sogar ein „Liber manualis", das ein Handbuch des vollkommenen Christen und perfekten Aristokraten sein wollte. Wenig später beherrscht in Deutschland Roswitha, die bei Nonnen in die Schule ging, Griechisch und Latein, Musik und Philosophie, ja sie macht es sogar dem römischen Dichter Terenz nach und schreibt Dramen und Legenden in tadellosen lateinischen Versen. Katharina von Siena und Teresa von Avila gehören zu den bedeutendsten „Kirchenlehrern". Caterina Cibo lernt – zur Zeit der Gegenreformation – Hebräisch und Griechisch, um die Heilige Schrift besser verstehen zu können. Franz von Sales – vielleicht der größte Seelenführer, den die Kirche je gehabt hat – hatte es mit unzähligen Frauen zu tun. Wenn auch die Briefe, die uns von ihm erhalten sind, an bedeutende Damen und Nonnen gerichtet sind, so steht doch fest, daß auch viele Frauen aus dem Volk und vom Lande sich an ihn wandten: Als man ihm vom Tod Annette Bouteys, einer einfachen Bäuerin, Mitteilung machte, konnte er sich der Tränen nicht erwehren, weil er wußte, welche Größe sie vor Gott besaß.

In seinem „Traktat über die Erziehung der Mädchen" schlägt Fénelon vor, daß man ihnen eine gute Allgemeinbildung zukommen lassen soll, einschließlich der lateinischen Sprache. Als genialer und weitsichtiger Pädagoge ist er ein Vorläufer Rousseaus: Die Erziehung – sagt er – solle die Mädchen vor allem lehren, gewisse Verhaltensweisen zu lieben, dann würden sie auch gehorsam sein, ohne daß überall gleich Vorschriften erlassen werden müßten. In dem bedeutenden Werk von Henri Bremond „Histoire littéraire du sentiment religieux en France" gibt es ein Kapitel mit der Überschrift „Les grandes abbesses". Es handelt sich um unzählige mutige und gebildete Frauen auf hohem geistlichen Niveau, die im 17. Jahrhundert eine energische Reform der Klöster in Angriff nehmen und ziemlich weit vorantreiben. Ganz Frankreich blickt gebannt auf sie: vom König und der Königin angefangen bis zu den Bischöfen, den bedeutendsten Männern der damaligen Zeit und dem einfachen Volk. Auf die kontemplativen Nonnen folgen, mit Vinzenz von Paul, die apostolisch und karitativ tätigen Ordensschwestern. Seit der Französischen Revolution gibt es kein Elend und keinen sozialen Notstand, deren sie sich nicht annehmen: Länder der Dritten Welt, Opfer der Cholera, Alte, Häftlinge, Waisen, Kranke, Kinder und gefährdete Jugendliche, Prostituierte, die ihr Leben ändern möchten. Seltsam! Manche Priester sind heute mit den eigentlichen priesterlichen Aufgaben nicht mehr zufrieden; sie möchten – so sagen sie – „zu den Armen gehen", zu den Außenseitern der Gesellschaft. Gleichzeitig aber beschuldigen sie die Kirche, die Schwestern bei den Armen, also gewissermaßen in der Etappe festgehalten und nicht an die Front geschickt, also zu kirchlichen Ämtern zugelassen zu haben. Dieselben Tätigkeiten sind also plötzlich, wenn bestimmte Priester sie tun, die Front, wo die großen Schlachten geschlagen werden; wenn sie aber von Schwestern verrichtet werden, dann sind es Betätigungen für Etappenhengste, die sich vor der wirklichen Arbeit drücken.

In den letzten Jahren sind in der Frauenfrage beachtenswerte Fortschritte erzielt worden. Es gibt jedoch noch immer ungerechte Ungleichheiten. Wenn sie wirklich ungerecht sind, dann fordert die Kirche alle auf, sie auszumerzen. Papst Pius XII. sagte im Jahre 1957 in einer Ansprache an die Weltunion der katholischen Frauenorganisationen zu den Frauen: „Ihr könnt und müßt euch das Programm der Befreiung der Frau ohne Einschränkungen zu eigen machen, das bei einer Vielzahl eurer Schwestern ungeheure Hoffnungen erweckt, die sich noch immer entwürdigenden Situationen gegenübersehen oder Opfer des Elends, der Unwissenheit ihrer Umgebung, des totalen Abgeschnittenseins von Kultur und höherer Bildung sind." Auf derselben Linie begrüßte Papst Johannes XXIII. in seiner Enzyklika *Pacem in terris* als ein „Zeichen der Zeit" die Tatsache, daß die Frau, „die sich immer mehr ihrer eigenen Menschenwürde bewußt wird, es nun nicht mehr hinnimmt, bloß als ein Mittel betrachtet zu werden; sie verlangt vielmehr, daß sie sowohl in ihrer Funktion als Hausfrau wie auch im öffentlichen Leben als menschliche Person betrachtet wird."

Es wird aber notwendig sein, die Gefahr einer „falschen Gleichheit, welche die vom Schöpfer selbst festgelegten Unterschiede leugnet" (Paul VI., Enzyklika *Octogesima adveniens*, Nr. 13), zu vermeiden. Mann und Frau sind zwar von Natur aus gleichwertig, aber nicht identisch, sie haben weder denselben Leib noch dasselbe Seelenleben: Sie haben wohl dieselben Fähigkeiten, aber sie gebrauchen sie auf verschiedene Weise. Gleiche Rechte allein lösen das Problem nicht, sagt Paul VI., „man muß auf eine wirksame gegenseitige Ergänzung aus sein, so daß die Männer wie die Frauen ihre je eigenen Reichtümer und ihre dynamischen Fähigkeiten zum Aufbau einer Welt beisteuern, die nicht nivelliert und einförmig ist, sondern harmonisch geeint".

Gott in der Ehe

Der folgende Text stammt wieder aus den „Gedanken über die Familie", die Luciani 1969 in der Wochenzeitung „L'Azione" veröffentlicht hat.

Einige Leser haben Fragen an mich gerichtet, und ich halte es für angemessen, sofort darauf zu antworten, auch wenn ich damit den Faden des Briefes über die Familie für kurze Zeit unterbrechen muß.

Eingebettet in die Liebe Gottes

Einer der Leser bittet darum, ihm folgende Aussage des Konzils zu erklären: „Echte eheliche Liebe wird in die göttliche Liebe aufgenommen" (*Gaudium et spes*, Nr. 48). Ich denke, dieser Satz läßt sich so verstehen: Es ist Gottes Wille, daß die Liebe zum eigenen Mann oder zur eigenen Frau in gewisser Weise eins ist mit der Liebe zu ihm. Die Worte Jesu ließen sich darauf anwenden: „Was ihr für einen meiner geringsten Brüder getan habt, das habt ihr mir getan" (Mt 25,40).

Eine etwas andere Bedeutung würde das berühmte Beispiel des heiligen Franz von Sales diesem Satz geben. Jakob, der große Patriarch, so sagt er, war jung und heilig. Heilig, weil Gott in seinem Herzen wohnte. Er war ein junger Mann, und eines Tages traf er Rahel und verliebte sich in sie. Wie verhielt sich Gott in diesem Augenblick, in dem Jakob sich verliebte? Er, der bislang der einzige Gast in seinem Herzen war? Sicherlich wird er nicht gesagt haben: „Mein lieber Jakob, raus mit ihr aus deinem Herzen! Entweder sie oder ich!" Sondern ganz im Gegenteil: „Nun gut, Jakob, du hast dich verliebt. Das ist ganz in Ordnung. In deinem Herzen werden wir eben von nun an zu zweit wohnen: ich und auch sie. Ich mache ihr gerne Platz. Von euch, meine Geschöpfe, wünsche ich mir eine vorrangige und großherzige, aber keine ausschließliche Liebe, die eurer gegenseitigen Liebe im Wege steht!"

Weg zur Heiligkeit

„Aber welchen Sinn hat es zu sagen", fragt der gleiche Leser, „daß die Ehegatten durch die eheliche Liebe ‚zu Gott hingeführt und in ihrer hohen Aufgabe als Vater und Mutter unterstützt und gefestigt werden'?" (*Gaudium et spes*, Nr. 48)
Das scheint mir einleuchtend zu sein: Die Liebe ist kein Hindernis, keine Erschwernis auf dem Weg zur Heiligkeit, sondern eine Hilfe, eine Ermutigung, ein Weg, um heilig zu werden. Deshalb soll man nicht sagen: Die Eheleute werden trotz der Ehe und der Liebe heilig, sondern vielmehr: Gerade durch die Ehe und die Liebe können sie heilig werden.

Ein kleiner Junge läuft weinend zu seinem Großvater. Der nimmt ihn in die Arme und fragt ihn:
– Was ist passiert, mein Junge, warum weinst du so?
– Meine Kameraden wollen nicht mit mir spielen!, antwortet das Enkelkind.
– Und warum wollen sie nicht mit dir spielen?
– Ich verstecke mich, aber niemand kommt mich suchen. Deshalb bin ich ganz allein!

Da kommen auch dem Großvater leise die Tränen. Verdutzt fragt ihn der Enkelsohn:

– Warum weinst du jetzt auch, Großvater?

Darauf der Großvater:

– Schau, mein lieber Junge, ich weine, weil dasselbe auch Gott passiert. Gott versteckt sich, und niemand sucht ihn!

Der folgende Text ist eine Predigt anläßlich der Hochzeit eines befreundeten Brautpaares.

Liebes Brautpaar! Als ich eure Hochzeitsanzeige erhalten habe, las ich sie mit großem Interesse, und zu meiner Freude habe ich festgestellt, daß ihr in eurer Einladung mit einem gewissen Stolz geschrieben habt: „... spenden sich gegenseitig das Sakrament der Ehe". Damit habt ihr nicht nur zum Ausdruck gebracht, daß ihr heiraten wollt, sondern daß ihr es bewußt in der Kirche tun wollt, daß ihr euch gleichsam als Priester und Priesterin das Sakrament spendet, daß ihr eine priesterliche Funktion ausübt. Das hat mir sehr gefallen, denn es zeugt von einem christlichen Geist und liegt ganz auf der Linie des II. Vatikanischen Konzils.

Das Konzil hat betont, daß die getauften Laien in einem gewissen Sinn Priester sind, und eine der schönsten Gelegenheiten, bei der die Laien ihr Priestertum ausüben, ist die Eheschließung, etwas ganz und gar Heiliges. Euer Freund, der Bischof, der hier anwesend ist, die Musik, die ganze Zeremonie, das alles ist bloß schmückendes Beiwerk, denn das Sakrament spendet ihr euch selbst durch das gegenseitige Jawort, das ihr in wenigen Minuten vor mir und vor allen diesen lieben Freunden, vor allem euren Eltern, aussprechen werdet. Als ich die Braut hereinkommen sah, war sie im ersten Moment von Rührung ergriffen, aber ich glaube, gerührt sind jetzt auch eure Väter und Mütter und alle eure Freunde, wenn sie sehen, wie zwei Menschen sich entscheiden, von nun an ihren Weg gemeinsam zu gehen. Ich habe schon auf das Vatikanische Konzil hingewiesen, das in sehr schöner Weise über die Ehe gesprochen hat, ja meines Erachtens sogar Neues auf diesem Gebiet zum Ausdruck gebracht hat. Auch die Kirche sprach stets voll Hochachtung von der Ehe, die sie als ein großes Sakrament, als etwas wirklich Bedeutsames bezeichnete, doch es war immer ein wenig Zurückhaltung zu spüren, gleichsam eine gewisse Angst, nur selten sprach man das Wort eheliche Liebe offen und ehrlich aus, man sprach viel öfter von einem gegenseitigen Vertrag, von Konsens. Das Konzil hingegen spricht eine sehr klare Sprache: Es geht zwar nicht ausschließlich, aber doch wesentlich auch um Liebe, und diese eheliche Liebe wird ausführlich behandelt, ja es wird sogar gesagt: „Die Liebe der Ehegatten ist in gewissem Sinn der Abglanz der Liebe Gottes hier auf Erden." Die eheliche Liebe ist die Liebe Gottes, eine väterliche Liebe. Der Herr hat uns zuerst geliebt, noch bevor wir existierten hat er von Ewigkeit her durch die Jahrhunderte auf uns geblickt, er hat uns geliebt und hat beschlossen, daß wir auf die Welt kommen sollten. Zuerst sind wir geliebt worden, und erst nach dieser göttlichen Liebe hat er uns auf die Welt kommen lassen durch die Liebe der Eltern, die im Hinblick auf die Kinder in gewisser Weise eine schöpferische Liebe ist. Das Konzil sagt auch noch: „Es war eine überaus große Liebe, die Liebe Jesu Christi, der die Menschen geliebt hat, und es war eine bräutliche Liebe." Der heilige Paulus sagt es ganz deutlich: „Jesus Christus ist der Bräutigam, und seine Braut ist die Kirche", nämlich die Menschen, und für diese Braut hat er sein Leben hingegeben. Daher sagt das Konzil dem heiligen Paulus folgend: „Jesus Christus wollte, daß auf dieser Welt auf ewig ein plastisches, lebendiges Abbild dieser zärtlichsten Liebe existieren sollte, und er sagte, daß die Ehe, die Liebe des Bräutigams zu seiner Braut und umgekehrt, für alle Zeiten etwas Unsichtbares sein wird, das an die andere Liebe Jesu Christi zu den Menschen erinnert." Und weiter sagt das Konzil: „Echte eheliche Liebe wird in die göttliche Liebe aufgenommen", mit anderen Worten: Wir alle haben die Pflicht, den Herrn zu lieben, ihn sehr zu lieben, aber nicht alle auf dieselbe Art und Weise. Wer Ordensbruder oder Ordensschwester geworden ist, liebt den Herrn durch das Gebet, durch die Erfüllung der klösterlichen Pflichten, durch die Buße; wer heiratet, liebt den Herrn durch die Erfüllung seiner ehelichen Pflichten, die belohnt und zum Ausdruck der göttlichen Liebe wird, denn es ist nichts Schlechtes, wenn sie ihrer Natur entsprechend ausgeübt werden ... Die Liebe zu Gott und die

Liebe zum Ehepartner stehen nicht im Widerspruch zueinander, die eine dient vielmehr der anderen, die Liebe der Frau oder des Mannes wird in gewisser Weise in die Gottesliebe erhöht und verwandelt.

Ich möchte, daß ihr alle die Texte des Konzils über die Ehe lest, wo die schönsten Stellen aus der Heiligen Schrift zitiert werden. Erlaubt, daß ich eine davon erwähne. Es ist Gott selbst, der da in der Heiligen Schrift spricht, und er sagt im fünften Kapitel des Buches der Sprichwörter Folgendes: „Freu dich der Frau deiner Jugendtage, der lieblichen Gazelle, der anmutigen Gemse! Ihre Liebkosung mache dich immerfort trunken, an ihrer Liebe berausche dich immer wieder! Warum solltest du dich an einer Fremden berauschen, den Busen einer andern umfangen?" Aber es gibt noch andere Stellen, die das Konzil anführt, davon eine, die wir Priester bei der heiligen Messe vorlesen. Wenn wir die Messe zu Ehren einer Heiligen feiern, die verheiratet war, sagen wir: „Wer hat schon das Glück, eine anständige Frau zu finden, ihr Preis ist unschätzbar, ihr Wert ist höher als der Wert von Edelsteinen; ihr Mann macht dank ihrer eine blendende Figur unter den Ratsherren der Stadt, ihre Kinder erheben sich und preisen sie selig." Und in der Folge ist alles eine einzige wunderschöne Hymne an die Frau. Wenn ihr das lest, werdet ihr feststellen, daß in der Heiligen Schrift wahrlich unermeßliche Schätze auch für die Frauen enthalten sind. Als wir noch zur Schule gingen, hörten wir, daß die Mutter der Gracchen jubelte und sagte: Seht her, meine Juwelen! Die Heilige Schrift hingegen macht es umgekehrt, sie läßt die Kinder auftreten und sagen: Seht her, unser Juwel, unsere Mutter, die sich um alles kümmert! Herrliche Stellen! Die eheliche Liebe wurde vom Vatikanischen Konzil in einem wunderschönen Licht dargestellt, erhaben und rein auf der einen Seite und auf der anderen voller Zärtlichkeit, ohne bei aller Offenheit Scham zu empfinden.

Nach diesen kurzen Gedanken wende ich mich nun wieder unserem Brautpaar zu und wünsche ihnen alles erdenklich Gute, der Herr möge die beiden segnen und ihnen beistehen, denn das Eheleben ist einerseits schön, aber andererseits nie ohne Dornen und Sorgen. Der Bischof würde schlecht daran tun, wenn er bloß das Gute hervorheben und nicht auch sagen würde, daß in der Ehe, im Eheleben nicht wenige Schwierigkeiten auftreten. Ich selbst war natürlich nie verheiratet, aber ich habe Brüder und Schwestern, die verheiratet sind und zu mir kommen, um mir ihr Herz auszuschütten. Obwohl es sehr tüchtige Leute sind, die nur das Gute wollen, gibt es doch unendliche Schwierigkeiten. Und deshalb hat der Herr den Ehebund hergenommen und gesagt: Ich mache ihn zu einem Sakrament, die Eheleute sind Menschen, die einfach meiner Gnade bedürfen. Und so ist das Sakrament gleichsam eine spezielle Gnade, die gerade für euch bereitsteht, damit euer Weg leichter gelinge. In der Hoffnung und im Vertrauen auf den Herrn sollt ihr mutig euren neuen Weg beginnen. Der Herr ist gut, er wird euch beistehen, er wird euch ohne Zweifel hilfreich sein, und ihr sollt ihn nie vergessen.

Erinnert euch, daß ich gesagt habe, das hier ist ein priesterliches Tun, das ihr weiter fortführen müßt. Das Konzil empfiehlt besonders das gemeinsame Gebet der Eheleute, nicht so, daß er seine Gebete auf der einen Seite und sie auf der anderen spricht, sondern zusammen. Dieses gemeinsame Gebet kann kurz sein, und wenn Kinder da sind, soll auch mit ihnen gebetet werden. Beim Konzil hat ein Bischof den heiligen Augustinus zitiert: „Lieber junger Ehemann, denk daran, der Bischof deines Hauses bist du selbst", und das Konzil spricht von der Hauskirche. Einst nannte man die Familie eine Kirche im Kleinen, auch das Konzil sagt, die Familie ist eine Art Kirche, aber in dieser Kirche seid ihr die Priester. Gerade jetzt habt ihr dieses Amt übernommen, ihr dürft das gemeinsame Gebet und eure Erziehungsaufgabe nicht vernachlässigen. Das Konzil nennt die Eltern die ersten Verkünder des Evangeliums; das sind nicht die Bischöfe, nicht die Priester, es sind die Eltern. Als Bischof besuche ich alle Pfarrgemeinden und spreche zu den Kindern und Jugendlichen, ich sehe auch, wie sie aufmerksam zuhören, aber kaum ist die Begegnung vorüber, kaum sind zwei Tage vergangen, haben sie den Bischof völlig vergessen. Doch die Mutter und den Vater werden diese Kinder nie vergessen, auch wenn sie selbst einmal alt geworden sind, sie werden die heilsamen Lehren ihrer Eltern nie mehr vergessen. Das ist eine priesterliche Aufgabe, die Fortsetzung des Priestertums Christi auf andere Art und Weise als unser Priestertum, aber ein Priestertum ist auch dies, eine hehre Aufgabe ist auch dies.

Ich wiederhole meine Glückwünsche an euch und eure Eltern, die ich zwar nicht kenne, aber dennoch über alles schätze, denn es könnten heute nicht zwei so liebenswürdige junge Menschen, wie ihr es seid, vor uns stehen, wenn nicht auch eure Eltern tüchtig und verantwortungsvoll gewesen wären, wenn sie euch nicht gut auf das Leben vorbereitet hätten. Und so ist dieser Tag für Vater und Mutter wohl auch ein Tag der Wehmut, wenn sie sehen, wie ihre Kinder das Elternhaus verlassen, aber auch ein Tag des Trostes, weil sie die Freude und den Stolz erleben können, gute Christen herangezogen und den Boden für eine Familie bereitet zu haben, die mit Gottes Segen der Kirche Christi und auch dem Vaterland, wie ich hoffe, wahrlich alle Ehre machen wird. Und nun wollen wir Zeugen ihres Jawortes sein, wollen der Feier des Sakramentes beiwohnen und sehen, wie sie in diesem Augenblick als echte Laienpriester, die sie sein wollen, tätig sind.

Verantwortete Elternschaft

Ein zweiter Leser offenbart mir seine Mutlosigkeit: „Zur Zeit", sagt er, „habe ich erhebliche Schwierigkeiten, weitere Kinder aufzuziehen, deshalb ist die eheliche Liebe für mich etwas Sündhaftes." Dann läßt er auch noch eine gewisse Orientierungslosigkeit durchblicken: „Ich gehe zu einem Priester beichten, und er verweigert mir die Absolution. Ich gehe zu einem anderen, und er erteilt mir die Lossprechung mit einer solchen Ungeniertheit, die ich selber für übertrieben halte!"

Was kann ich antworten? Die den Beichtvätern gegebenen Richtlinien sind klar: Die Enzyklika sagt: „Christus, der nicht gekommen ist, um zu richten, sondern um zu retten, war bestimmt unnachsichtig mit dem Bösen, gegenüber den Menschen aber war er voller Erbarmen. In ihren Schwierigkeiten mögen die Eheleute stets im Wort und im Herzen des Priesters das Echo der Stimme und der Liebe des Erlösers wiederfinden" (*Humanae vitae*, Nr. 29). Der Vorstandsrat der italienischen Bischofskonferenz empfiehlt den Beichtvätern im Einklang mit der Enzyklika „evangelische Güte" gegenüber allen Eheleuten, aber ganz besonders gegenüber denen, „deren Verfehlungen auf die zuweilen äußerst gravierenden Schwierigkeiten zurückzuführen sind, in denen sie sich befinden". Und weiter heißt es: „In einem solchen Fall ist das Verhalten der Eheleute, auch wenn es nicht mit der christlichen Norm übereinstimmt, sicherlich nicht so in seiner Bedeutung zu bewerten, als wenn es einzig und allein von verwerflichen Motiven des Egoismus und der Lust begründet wäre." Die Richtlinien sind also klar.

„Man würde sie sich aber manchmal klarer und ausführlicher wünschen", gibt mir ein junger Priester zu bedenken, der mit einem Stapel von Dokumenten der verschiedenen Bischofskonferenzen, da und dort unterstrichen, zu mir kam, um sich mit mir zu beraten. „Ihr italienischen Bischöfe zum Beispiel", meint er, „macht einen Unterschied zwischen den Verfehlungen der Eheleute und de-

29

ren Gewichtigkeit. Kann das nicht dazu führen, daß der Unterschied zwischen der Verfehlung des einen und der Verfehlung der anderen derart groß wird, daß man in einigen Fällen der Ansicht beipflichten müßte, es handle sich dabei nur um eine läßliche Schuld? Das gesteht auch der österreichische Episkopat ein."

„Mein lieber Sohn", habe ich geantwortet, „bei einer derart sensiblen Materie ist es nicht leicht zu beurteilen, ob der österreichische Episkopat gut oder schlecht gesprochen hat. Jede menschliche Handlung hat in Wirklichkeit ihre Geschichte, ihre Voraussetzungen, ihre Einschränkungen, ihre Schattierungen. Umso mehr die Handlungen, mit denen wir es hier zu tun haben. Zwei Dinge sind in der Praxis von Bedeutung: daß die Eheleute sich um ein gutes und ehrenhaftes Verhalten bemühen und daß sie sich – nach eventuellen Verfehlungen – ermutigt fühlen, ihre Bemühungen um ein christliches Leben wieder aufzunehmen." Die Prinzipien, die es dabei zu beachten gilt, sind die folgenden:

1. Alle Menschen, ob verheiratet oder nicht, müssen nach Heiligkeit streben. Das geht für alle gleichermaßen nur durch wiederholte und großherzige Anstrengungen, mit Rückschlägen und ständig neuem Beginnen. Das sagte auch schon der Verfasser der *Nachfolge Christi* – und das war ein Mönch: „Bemühen wir uns, soviel wir können: wir machen ohnehin in vielem kleine Fehler" (I,19).

2. Ein berechtigtes „Schuldgefühl" ist eine Sache, etwas anderes ist der quälende und angsterfüllte „Schuldkomplex": Ersteres ist die Frucht eines sensiblen Gewissens, der Schuldkomplex stammt aus einem wenig erleuchteten Gewissen und verkennt, daß das Evangelium auch eine frohe Botschaft für die Sünder ist, wenn sie nur ernsthaft dazu bereit sind, die Anstrengungen der Rückkehr zu einem wahrhaft christlichen Leben auf sich zu nehmen.

3. Auf einer von der ersten bis zur letzten Zeile von erhabenen und aufrechten Gedanken durchdrungenen

Buchseite mißfällt dem Leser eine ungeschickte Zwischenbemerkung. Das hindert ihn aber nicht daran, das Übrige hochzuschätzen und ein günstiges Urteil über das Ganze zu fällen. Etwas Vergleichbares – so denke ich – geschieht im Leben aufrichtig christlicher Eheleute: Sie beten, sie bemühen sich, Gott zu lieben, sie widmen sich unter Opfern der Familie, den Kindern, der Arbeit, dem Nächsten. Das ist die beschriebene Seite, der schöne Inhalt eines moralischen Lebens. Manchmal aber geschieht es, daß ihnen auf dem Gebiet, mit dem wir uns hier beschäftigen, ein Fehltritt unterläuft. Das ist die Zwischenbemerkung. Wie wird Gott urteilen? Wenn sie nach ernsthaftem und bisweilen auch großherzigem Bemühen trotzdem fehlgehen, weil sie sich in einer schwierigen Lage befinden, wenn sie den Zustand der Schuld in größtmöglichem Maße verabscheuen und sofort versuchen, sich zu bessern, dann ist es denkbar, daß Gott, der alles sieht und alles bedenkt, seine Freundschaft zu diesen Seelen nicht aufgekündigt hat. Der Zusammenhang eines kontinuierlich christlichen Lebens berechtigt in der Tat zu der wohlbegründeten Hoffnung, daß der Wille dieser Eheleute sich nicht von Gott losgesagt hat und daß ihre Schuld daher nicht schwerwiegend sein kann. Aber mit letzter Sicherheit kann man das auch nicht sagen, deshalb muß jeder Fall für sich neu geklärt werden.

Soweit meine Antwort an den jungen Priester. Wenn ich sie jetzt hier veröffentlicht habe, wird mir hoffentlich nicht der Vorwurf gemacht, ich wollte weiche Kissen unter die Ellbogen der Sünder legen. Das ist der gleiche Vorwurf, den – ein anderes Thema betreffend – Bossuet gegenüber Franz von Sales erhoben hat, der doch nur die Absicht hatte, die ernsthaft dem Guten verpflichteten Laien in ihren großen Schwierigkeiten zu erleuchten.

Der höchste Wert der Familie ist der „Dienst am Leben". Das Konzil sagt dazu: „In ihrer Aufgabe, menschliches Leben weiterzugeben und zu erziehen ... wissen sich die Eheleute als mitwirkend mit der Liebe Gottes, des Schöpfers, und gleichsam als Interpreten dieser Liebe" (*Gaudium et spes*, Nr. 50). Sie „wissen", das heißt: sie sollen sich dieser Tatsache bewußt sein und eine so hohe und verantwortungsvolle Aufgabe nicht auf die leichte Schulter nehmen. Sie sollen also nicht der heute weitverbreiteten Versuchung nachgeben, aus rein egoistischen Motiven die Kinderzahl zu beschränken. Das Konzil hat jene Eheleute gelobt, „die in gemeinsamer kluger Beratung auch eine größere Zahl von Kindern, wenn diese entsprechend erzogen werden können, hochherzig auf sich nehmen" (*Gaudium et spes*, Nr. 50).

Meine Aufgabe als Hirte ist es, daran zu erinnern, daß jedes unschuldige menschliche Leben heilig und unantastbar ist, ganz besonders, wenn es sich noch im Mutterschoß befindet, völlig wehrlos und ganz und gar von uns abhängig ist. Gott, der allein Herr über das Leben ist, ist auch ein strenger Hüter dieses unscheinbaren Lebens. Es ist absurd, wenn eine Mutter sagt: „Ich allein bestimme über dieses Leben!" Noch absurder ist es, wenn irgendeine Institution jemanden dazu ermächtigt oder ermutigt, über dieses Leben zu verfügen und es auf dem Altar von Privatinteressen zu opfern.

Retortenbabys?

Der folgende Text ist die Niederschrift eines Telefoninterviews, das Luciani im August 1978 einem Journalisten gab.

Frage:

Was ist Ihre Meinung bezüglich des künstlich im Labor gezeugten englischen Mädchens?

E s fällt mir nicht leicht, auf Ihre Frage so schnurstracks zu antworten, per Telefon vom Krankenhaus aus, wo ich mich gerade befinde, ohne Bücher, die ich zu Rate ziehen könnte. Das ist aber nicht die einzige Schwierigkeit. Ich habe nämlich bisher nur einige Zeitungsberichte über das „englische Retortenbaby" gelesen. Um mich über das aus den Zeitungen schon Bekannte hinaus zu äußern, müßte ich die wissenschaftlichen Daten der beiden hauptsächlich damit befaßten Ärzte kennen. Nicht nur das: In diesem Augenblick spreche ich nicht als Bischof, sondern gleichsam als Journalist, der von einem Kollegen befragt wird. Bei einem so komplizierten und quasi neuen Thema warte auch ich gespannt auf das, was das authentische Lehramt der Kirche dazu sagen wird, nachdem es die Experten angehört hat. Meine Antwort auf Ihre Frage ist daher eine ganz persönliche, sie erfolgt auf eigene Gefahr und ist wohl nur eine vorläufige. Ich möchte sie in vier Punkten zusammenfassen.

1. Ich teile nur zum Teil die Begeisterung derer, die ihr Entzücken über den Fortschritt von Wissenschaft und Technik angesichts der Geburt des englischen Babys zum Ausdruck bringen. Der Fortschritt ist eine großartige und schöne Sache, aber nicht jeder Fortschritt dient dem Menschen. Die ABC-Waffen (atomare, bakteriologische und chemische Waffen) sind auch ein Fortschritt, zugleich aber auch eine Katastrophe für die Menschheit. Die Möglichkeit, Kinder in der Retorte zu zeugen, bringt zumindest große Gefahren mit sich. Ein Beispiel: Die natürliche Befruchtung führt manchmal

zu mißgebildeten Kindern. Wird das bei der künstlichen Befruchtung nicht in noch größerem Ausmaß der Fall sein? Wenn ja, befindet sich dann der Wissenschaftler angesichts der neuen Probleme nicht in der Rolle des „Zauberlehrlings", der gewaltige Kräfte entfesselt, ohne in der Lage zu sein, ihnen Einhalt zu gebieten und sie zu beherrschen? Ein anderes Beispiel: Besteht bei der heutigen Geldgier und moralischen Skrupellosigkeit nicht die Gefahr, daß eine neue Industrie von „Kinderfabriken" entsteht, vielleicht für diejenigen, die eine gültige Ehe nicht eingehen können oder wollen? Wenn dies geschieht, wäre das für Familie und Gesellschaft nicht eher ein großer Rückschritt als ein Fortschritt?

2. Ein großer Teil der Presse gratuliert dem englischen Ehepaar und wünscht ihm und dem Kind alles Gute. So wie Gott, der das Leben der Menschen will und liebt, richte auch ich die herzlichsten Glückwünsche an das kleine Mädchen. Was seine „Eltern" betrifft, so habe ich kein Recht, sie zu verurteilen: Subjektiv, wenn sie in rechter Absicht und gutem Glauben gehandelt haben, kann es vor Gott sogar sehr verdienstvoll gewesen sein, diese Entscheidung getroffen und die Ärzte damit beauftragt zu haben, sie in die Tat umzusetzen.

3. Nimmt man jedoch das Faktum an sich und sieht vom subjektiven guten Glauben ab, dann stellt sich das moralische Problem so dar: Ist eine In-Vitro-Befruchtung oder eine Befruchtung im Reagenzglas erlaubt?
Pius XII. traf bei seinen Ausführungen über die künstliche Befruchtung in der Ehe – wenn ich mich recht erinnere – folgende Unterscheidung: Dient der Eingriff des Arztes nur dazu, den ehelichen Akt zu unterstützen, um ein Kind zu bekommen, indem gewissermaßen der bereits vollzogene eheliche Akt fortgeführt wird? In diesem Fall bestehen keinerlei moralische Bedenken, der Eingriff kann ohne weiteres erfolgen. Geschieht der Eingriff aber nicht, um den ehelichen Akt zu unter-

stützen oder um ihn zu verlängern, sondern um ihn geradezu auszuschließen oder zu ersetzen, dann ist er nicht erlaubt, denn Gott hat die Weitergabe des menschlichen Lebens mit der ehelichen Sexualität verknüpft. So ungefähr argumentiert Pius XII. Ich finde keine zwingenden Argumente, um von dieser Norm abzugehen und die Loslösung der Weitergabe des Lebens vom ehelichen Akt für erlaubt zu erklären.

4. „Aber es ist doch lächerlich", so habe ich in manchen Zeitungen gelesen, „jemanden mit moralischen Problemen zu belasten, der von den großartigen Errungenschaften der Wissenschaft Gebrauch macht. Und außerdem gehört dies in den Bereich der freien Gewissensentscheidung des einzelnen." Gut, aber bei der Moral geht es nicht um die Fortschritte der Wissenschaft, sondern um die menschlichen Handlungen, durch die einzelne Personen die wissenschaftlichen Errungenschaften zum Guten oder Bösen gebrauchen können. Was das Gewissen des einzelnen betrifft, sind wir einer Meinung: Ihm ist immer zu folgen, ob es nun zu einer Tat antreibt oder davon zurückhält. Der einzelne muß sich jedoch um eine rechte Gewissensbildung bemühen. Das Gewissen hat nämlich nicht die Aufgabe, Gesetze zu schaffen. Es hat vielmehr zwei andere Aufgaben: sich zu informieren, was das göttliche Gesetz verlangt, und dann zu urteilen, ob zwischen diesem Gesetz und einer bestimmten Handlung, die wir setzen, Übereinstimmung besteht. Mit anderen Worten: Das Gewissen hat dem Menschen zu befehlen und nicht ihm zu gehorchen.

Abtreibung

Was haben die Feministinnen bei ihren jüngsten Demonstrationen verlangt? Die freie und vom Staat bezahlte Abtreibung. Zu diesem Zweck haben sie Transparente gehißt und Sprüche skandiert, die in bezug auf die Muttergottes zuweilen sogar blasphemisch waren. Sie haben ihre eigene „Skandalfähigkeit" weidlich zur Schau gestellt und sich über die Aufgaben, welche die Kirche den Frauen angeblich zuschreibt, lustig gemacht. Sie haben das Ende der „Massaker" an den Frauen gefordert. Sie haben das Recht eingeklagt, sich den eigenen Körper „zurückzuerobern", indem sie ihn der Ausbeutung durch die Kirche, durch die Konsumgesellschaft und durch die überkommene Weltanschauung entziehen.

Sofort haben die Tageszeitungen und laizistischen Wochenblätter das Thema aufgegriffen. „Alles hat sich heute geändert", sagte mir sogar ein praktizierender Katholik, „warum kann nicht auch die Kirche ihre Lehre ändern?" Meine Brüder und Schwestern, die Kirche kann doch nicht eine Lehre ändern, die nicht die ihre ist, sondern die Lehre Gottes! Gott selbst hat gefordert: „Du sollst nicht töten!" Auf dem Konzil haben alle Bischöfe für die folgende Aussage gestimmt und damit das wiederholt, was schon immer gesagt worden ist: „Abtreibung und Tötung des Kindes sind verabscheuungswürdige Verbrechen" (*Gaudium et spes*, Nr. 51). Wer mit Gott und seiner Kirche verbunden bleiben will, der darf in dieser Hinsicht keine Zweifel haben. Das sind Prinzipien, die jeden Kompromiß ausschließen.

Aus diesem Grund hat Kardinal Döpfner, der Vorsitzende der deutschen Bischofskonferenz, vor den zuletzt stattgefundenen Wahlen in Bayern ausdrücklich erklärt, daß Christen ihre Stimme nicht jenen Parteien geben dürften, welche die Abtreibung befürworten. Er hatte die Reaktionen der Betroffenen und die üblichen Anschuldigungen wie „vorkonziliar", „reaktionär" und „faschistisch" vorhergesehen, aber mit dem heiligen Petrus hat er gesagt: „Man muß Gott mehr gehorchen als den Menschen" (Apg 5,29). Und er hat seine Pflicht als Bischof getan!

Wenn die Feministinnen und die Presse von „Massakern" an jungen Frauen sprechen, spielen sie auf die Todesfälle bei illegalen Abtreibungen an. Ich stelle eine andere Frage: Was ist mit der Tötung von Kindern im Schoß der eigenen Mütter, die mit dem Willen oder mit dem Einverständnis eben dieser Mütter stattfindet? Wie nennt man das? Das sind die wirklichen Massaker! Natürlich gibt es für die Frauen verzweifelte und schmerzliche Situationen: falsch ist aber die von den Feministinnen vorgeschlagene Lösung! Man muß andere Wege versuchen: mehr Hilfe und Verständnis für ledige Mütter, Wohnungen und Unterkünfte zu einem auch für Arme und Arbeiterinnen erschwinglichen Preis, leichtere Adoption von Kindern, mehr Vergünstigungen bei Frauenarbeit, wirksamere Hilfen für behinderte oder in ihrer Entwicklung zurückgebliebene Kinder. Man muß es versuchen. *Das* muß man finanzieren! Aber nicht das Blutbad an Unschuldigen! Nicht mit Staatsgeldern die Schergen der neuen Herodesgestalten bezahlen!

Aber es tut weh, dieses Thema zu berühren. Denn wir haben es mit Menschen zu tun, welche die göttlichen Gesetze nicht mehr anerkennen und die für sich eine grenzenlose Freiheit einfordern. Morgen wird man dieselbe Freiheit für die Beseitigung behindert geborener Kinder und für unnütz erachteter alter Menschen fordern. Es ist erst ein paar Tage her, daß in Bologna eine Ärztin ihren Vater und ihre Schwester getötet hat, um ihnen weitere Leiden zu ersparen. Und gerade gestern forderte ein Journalist in einer weitverbreiteten italienischen Tageszeitung für sich selbst das Recht auf Euthanasie, das Recht, sich zu töten, wobei er vergaß, daß nur Gott allein Herr über das Leben ist. Er beklagte die „rigide Moral", appellierte an die öffentliche „aufgeklärte" Meinung, daß sie die „traditionellen Tabus" im Namen „der Würde und der Werte des Individuums" überwinden solle (*Il Giornale*, 1. November 1974, S. 3). Das sind dieselben Theorien, wie sie einst Hitler vertrat, nur mit dem Unterschied, daß die Tötung vom Staat nicht erzwungen, sondern erlaubt und unterstützt wird.

Darüber hinaus gibt es jetzt schon eine große Unsicherheit: Wenn morgen Abtreibung und Euthanasie gesetzlich erlaubt sein sollten, dann könnte man glauben, man dürfe das guten Gewissens tun. Ich muß allerdings daran erinnern, daß nicht immer das, was legal ist, auch moralisch ist. Auch wenn die Abtreibung vom Staat erlaubt und finanziert wird, bleibt sie vor Gott immer ein Verbrechen, und die Euthanasie wird immer Mord oder Selbstmord bleiben.

Kardinal Colombo, der Erzbischof von Mailand, hat kürzlich den Seligsprechungsprozeß für Gianna Molla Beretta eröffnet. Sie war promovierte Medizinerin und Fachärztin für Kinderheilkunde. Nachdem sie schon drei Kindern das Leben geschenkt hatte, sollte sie sich bei der vierten Schwangerschaft auf ärztliches Anraten wegen einer Geschwulst einem chirurgischen Eingriff unterziehen. Eine Gewissensentscheidung: Es galt, entweder sich selbst oder das Kind zu retten. „Ich entscheide mich für das Leben meines Kindes", antwortete sie in vollem Bewußtsein dessen, was sie erwartete, obwohl sie wußte, daß es sich in ihrem Fall um einen indirekten Abbruch gehandelt hätte, den kein maßgeblicher Theologe verboten hätte. Am 21. April 1962 brachte sie ein kerngesundes Mädchen zur Welt, sieben Tage später starb sie. Sie hatte sich ganz bewußt für ihr Kind geopfert.

Das war heldenhaft, aber ein Grenzfall. Das viel häufiger auftretende Dilemma ist ein anderes: Entweder das Kind bekommen oder aber den Unbequemlichkeiten einer Schwangerschaft aus dem Weg gehen, finanzielle Belastungen und die Mühen beim Großziehen eines weiteren Kindes vermeiden, auf die eigene Freiheit verzichten und – wenn es sich um ganz junge Mütter handelt – sich dem Unverständnis einer leider scheinheiligen und oft feindselig gesinnten Gesellschaft aussetzen, und so weiter.

Sagen wir es doch unumwunden: Diese Gesellschaft tut zu wenig, um in schwierigen Fällen zu helfen. Wir, die wir uns Christen nennen, sind oft unbarmherzig, haben zu wenig Verständnis, und es mangelt uns an der Bereitschaft, zu Gunsten von Müttern in schwierigen Situationen uneigennützig, prompt und wirksam zu intervenieren. Der „menschliche Fortschritt" hätte hier ein weites Feld, auf dem er sich bewähren könnte. Und mit den Müttern würde auch einer großen Zahl junger Leben geholfen werden.

Genau hier aber ist der Punkt: Der Embryo ist ein wirkliches menschliches Wesen, ausgestattet mit einem eigenen Leben und einer eigenen Individualität, die sich von der Mutter unterscheidet, auch wenn er in der vorgeburtlichen Phase seiner Existenz ganz von der Mutter abhängig ist. Und zwar vom ersten Augenblick der Empfängnis an. Die Frage, wann letztendlich die Seele geschaffen wird, darf unsere Verhaltensweise in der Praxis nicht beeinflussen. Der Jäger wird zum Mörder, wenn er schießt, auch dann, wenn er unsicher ist, ob das, was er hinter dem Zaun sich bewegen sieht, bloß ein Hase oder ein Kind ist.

Weil er ein Mensch ist, ist der Fötus Träger der natürlichen Menschenrechte, auch im zivilrechtlichen Sinne. Einmal empfangen, ist er erb- und schenkungsberechtigt. Wer ihn also aus dem Uterus entfernt, beraubt ihn seiner notwendigen Lebensbedingungen. Das ist genauso wie jemand, der einem anderen mit Gewalt die Kehle zudrückt – er hindert ihn am Atmen und erwürgt ihn.

„Du sollst nicht töten!" fordert Gott. Zu allen sagt er das, in ganz besonderer Weise aber zu den Müttern, die doch weniger als jeder andere das Herz haben dürften, Ausreden dafür zu erfinden, sich des eigenen Kindes zu entledigen.

„Was mich angeht", sagt eine, „so empfinde ich den Fötus als ungerechten Aggressor, und ich habe das Recht, mich zu verteidigen." Doch der Fötus ist immer unschuldig, er hat nicht verlangt, auf diese Welt zu kommen, und er ist unfähig, irgend jemandem etwas Böses antun zu wollen. Wenn man nur nach Lage der Interessen urteilen wollte, dann, ihr armen kleinen Embryonen, dann würdet ihr nur ein sehr geringes Gewicht auf die Waagschale bringen. Wenn aber das Interesse zum höchsten Kriterium allen Handelns wird, wohin steuert dann diese elende Welt? Sie steuert auf die Moral Spartas zu, auf die Moral des Tarpejischen Felsens, auf die Moral bestimmter primitiver Völker, die Kinder töten, nur weil sie während eines Gewitters oder an bestimmten „Unglückstagen" geboren wurden, oder weil sie weiblichen Geschlechts oder kränklich sind!

Und übrigens, daß jeder Schwangerschaftsabbruch bei

der Frau ein zumindest psychisches Trauma erzeugt, das hat man oft genug beobachten können. Sie können so dreist sein, wie sie wollen, und in den Gerichten herumschreien, daß eine Frau mit „ihrem" Fötus machen kann, was sie will. Das in den Herzen eingeschriebene Gesetz Gottes kann nicht ausgelöscht werden und verschafft sich früher oder später Gehör. Das Tigerweibchen, das aus dem Urwald herausgeschlichen kam und sich ein Kind auf dem Feld geschnappt und es gefressen hat, kann sich danach in Ruhe wieder in seine Höhle zurückziehen und schlafen. Eine Mutter nicht.

Ehescheidung

Wer heute über die eheliche Liebe spricht, muß sich auch mit dem heiklen und schwierigen Thema der Ehescheidung auseinandersetzen. Dazu werde ich jetzt nur einen einzigen „Gedanken" beisteuern, weil ich erst vor wenigen Monaten unter dem Titel *Für immer!* eine kleine Broschüre zu dem Thema verfaßt habe.

„Es ist eine Pflicht, den Eheleuten in unhaltbaren und dramatischen Fällen die Möglichkeit der Ehescheidung einzuräumen", lese ich in den Zeitungen. „Eine Pflicht des Staates", so wird erklärt, „des Staates deshalb, weil es ein moderner und demokratischer Staat ist." Man erlaube mir, eine gegensätzliche Meinung zum Ausdruck zu bringen.

Von wegen der Staat!
Der Staat? Mit allen seinen Kräften soll er zum Wohl seiner verheirateten Staatsbürger tätig werden, niemals jedoch auf Kosten des Gemeinwohls! Bessere staatliche Gesetze, zum Beispiel bezüglich des Heiratsalters, eine gewissenhafte medizinische Untersuchung vor der Ehe und richtige Voraussetzungen für einen tragfähigen Ehekonsens wären nicht schlecht: damit ließen sich einige der berühmten „Härtefälle" auf diesem Gebiet vermeiden. Andere Härtefälle werden sich jedoch sicherlich nicht verhindern lassen, aber es werden immer Ausnahmefälle bleiben. Der Staat darf aber nicht die allgemeingültige Regel der Ausnahme opfern, das Wohl der Gesamtheit den Interessen des Individuums. Aufgabe des Staates ist es nicht, die einzelnen zufriedenzustellen, die Meinung eines jeden einzelnen einzuholen, sondern ein Klima zu schaffen, in dem der einzelne (wenn nicht außergewöhnliche Umstände eintreten) zufrieden sein kann. Mit anderen Worten: Man kann nicht zulassen, daß der Staat, um vereinzelte individuelle Mißstände zu beseitigen, eine Reihe von viel schlechteren und der Allgemeinheit scha-

denden Übeln einführt. Das ist das Thema des Romans *Die Scheidung* von Paul Bourget. Auf einem Schiff ist die Cholera ausgebrochen, sagt Bourget, und die Hafenverwaltung verbietet daher allen Passagieren, das Schiff zu verlassen und an Land zu gehen. Einer von ihnen aber drängt sich nach vor: „Herr Kapitän, mein Vater ist dort an Land, er liegt im Sterben. Man hat mir ein Telegramm geschickt, ich muß ihn unbedingt noch sehen. Es geht auch um das Erbe für mich und meine Kinder. Bitte, lassen Sie mich aussteigen!" – „Es tut mir sehr leid", antwortet ihm der Kapitän, „aber ich kann nicht. Um Ihnen zu helfen, darf ich nicht eine ganze Stadt der Gefahr einer Ansteckung aussetzen!"

Doch die Ansteckung mit der Krankheit Ehescheidung, die Vervielfachung der „Härtefälle" wird morgen in Italien unvermeidlich sein, wenn man die staatliche Scheidung einführt. Und um eine solche Scheidung durchzusetzen, werden dann die ganz normalen Schwierigkeiten in einer Ehe oft aufgebläht und zu „dramatischen Fällen" hochstilisiert. Genau das geschieht ja gegenwärtig in den Ländern, in denen es die Scheidung gibt: Ist die Tür erst einmal geöffnet, werden alle die Sache in Anspruch nehmen wollen.

Von wegen modern!

„Fast überall gibt es mittlerweile die Möglichkeit der Scheidung, warum muß gerade Italien hinterherhinken?" Ich frage aber: Ist das wirklich ein „Hinterherhinken"? In Italien gibt es keine Todesstrafe, während die Vereinigten Staaten, England, Rußland und andere Staaten sie haben. Eines Tages wird man zu hören bekommen: „Wir wollen die Todesstrafe auch in Italien haben, um ein moderner Staat zu sein, wie die Vereinigten Staaten und Rußland!" Was für eine Argumentation ist das? Die Todesstrafe zu haben und anzuwenden ist kein Zeichen des Fortschritts und der Kultur! Man gibt dabei eine ähnliche Figur ab wie jener Mann, der einen wunderschönen Kopf und einen perfekten Hals hatte und sich dennoch schämte, weil ihm die Zierde eines Kropfes fehlte, während er durch das Land der Kropfkranken oder durch Kropfhausen zog.

Von wegen demokratisch!

„Der demokratische Staat muß der Minderheit Raum geben!" Ja, aber ich stelle eine Hypothese auf: Nehmen wir an, morgen ist die Ehescheidung rechtskräftig, bei einer mehrheitlich für die Scheidung eingestellten Bevölkerung. Die Minderheit der Scheidungsgegner fordert nun: „Laßt uns alles rückgängig machen und ein Gesetz erlassen, das die Scheidung wieder abschafft!" Wird sie Gehör finden? Wohl nicht! Und weiter: Seit wann bedeutet „der Minderheit Raum geben" Gesetze zu machen, welche der Mehrheit zuwiderlaufen? „Aber wir werden die Mehrheit sein, wir verlassen uns auf die beiden Kammern des Parlaments, wir sind ganz sicher, daß wir es schaffen!" In Ordnung, es ist aber so, daß viele Bürger ihre berechtigten Zweifel daran haben, ob in dieser Sache, zumindest zur Zeit, das „wirkliche" Land mit dem „gesetzlichen" Land übereinstimmt. Wenn die Mehrheit der Parlamentsabgeordneten, so ihre Meinung, die Scheidung durchdrücken will, so wünscht sich die Mehrheit der Bevölkerung das in keinster Weise. Die Verfassung sieht in solchen Fällen das „Volksreferendum" zur Entscheidungsfindung vor. „Soll es doch kommen, das Referendum", sagen die Obengenannten, „denn es geht darum, äußerst schwerwiegende Fehlentscheidungen zu vermeiden. Man soll die noch ausstehende Verfahrensordnung für das Referendum festlegen und dann anwenden." Und an alle Abstimmungsberechtigten stellen sie die Frage: „Seid ihr einverstanden oder nicht, daß der Verfassungsartikel, der die Unauflöslichkeit der Ehe festschreibt, abgeschafft wird? Wenn das Referendum zu Gunsten der Scheidungsbefürworter ausfällt, werden wir uns geschlagen geben. Wir werden dem Ehescheidungsgesetz keine Hindernisse in den Weg legen, auch wenn es dem unauflöslichen Gesetz Gottes zuwiderläuft."

Soweit lese ich darüber in den Zeitungen. Als einfacher

Bürger glaube ich, das ist nicht schlecht gesagt. Als Bischof aber habe ich die Pflicht, an einige Grundsätze zu erinnern:

1. Die Eheleute, welche die Scheidung verlangen und erhalten, tun Unrecht, aber Unrecht tun auch diejenigen, die tätigen Anteil daran haben, der Abgeordnete und der Wähler, der seine Stimme für die Scheidung abgibt, vorausgesetzt, daß ihm bewußt ist, gegen ein göttliches Gesetz zu handeln.

2. Das Konzil hat bezüglich der Religionsfreiheit gesagt: Niemand darf gezwungen werden, auf dem Gebiet der Religion etwas zu praktizieren, was er nicht will. Das ist richtig. Aber das Konzil hat auch von den Grenzen bei der Ausübung besagter Freiheit gesprochen: Die Ausübung meiner Freiheit ist dann nicht mehr gestattet, wenn das Wohl anderer oder die öffentliche Ordnung auf dem Spiel steht.

3. Es ist die Pflicht der Katholiken, in diesem Augenblick sich selbst und andere für die Problematik zu sensibilisieren, sich und andere über die Vorteile der Unauflöslichkeit der Ehe, über die Einheit der Familie und über die Übel einer Scheidung zu informieren – bei allem Respekt vor der Person des anderen.

Gehen wir von der Feier des Ehesakramentes aus. Die Brautleute knien auf dem mit einem Teppich, Kissen und Blumen geschmückten Bänkchen. Die Orgel schweigt. Alle erheben sich, schauen und spitzen die Ohren.

„Sie, Herr Soundso", hört man sagen, „wollen Sie die hier anwesende Soundso zu Ihrer rechtmäßigen Frau nehmen?" – „Ja", hört man antworten. „Und Sie, Frau ...?" Noch einmal: „Ja!"

Zwei *Ja*. Und sie bekunden: *Du allein, für immer! Du allein, für immer!*

1. *Für immer!* Weil Gott es so gewollt hat.

– Wir Juden haben ein Privileg. Mose hat nämlich angeordnet, „eine Scheidungsurkunde auszustellen" (vgl. Dtn 24,1), sagen eines Tages die Pharisäer zu Christus.

– Das ist kein Privileg, sondern einfach nur Duldung, erwidert Christus, ja mehr noch, sie wurde nur schweren Herzens gewährt, als kleineres Übel sozusagen. „Nur weil ihr so hartherzig seid, hat Mose euch erlaubt, eure Frauen aus der Ehe zu entlassen. Am Anfang war das nicht so" (Mt 19,8). „Habt ihr nicht gelesen, daß der Schöpfer die Menschen am Anfang als Mann und Frau geschaffen hat und daß er gesagt hat: Darum wird der Mann Vater und Mutter verlassen und sich an seine Frau binden, und die zwei werden ein Fleisch sein? Sie sind also nicht mehr zwei, sondern eins. *Was aber Gott verbunden hat, das darf der Mensch nicht trennen*" (Mt 19,4–7).

2. *Für immer* also! So will es Gott. Und so erfordert es auch die eheliche Liebe. Das bedeutet, sich selber dem anderen hinzugeben, und zwar so inniglich und edel, so vollständig und vertrauensvoll, daß diese Hingabe einerseits alles fordert und andererseits alle anderen ausschließt. Wenn diese Liebe Vorbehalte aufstellt, dann gilt sie nicht mehr dem anderen allein, dann ist es eine kopflose Liebe, provisorisch, aufhebbar. Deshalb mahnt das Konzil die Eheleute, „in ungeteilter Liebe ihre Ehe durchzuhalten und zu entfalten" (*Gaudium et spes*, Nr. 49).

Die Menschen hören das, sie kennen das und stimmen dem zu, wenn Rosamunde Gèrard in der Fernsehreklame sagt: „... ich liebe dich mit jedem Tag mehr! Heute mehr als gestern und doch noch weniger als morgen!"

3. *Für immer!* So will es das Wohl der Kinder.
Wenn das Küken genügend entwickelt ist, zerbricht es mit seinem Schnabel die Eierschale und schlüpft hinaus. Es hat bereits sein Federkleid, nach wenigen Tagen kann es schon allein Nahrung aufnehmen, selbständig sucht es sein Futter, unabhängig von der Glucke, die es ausgebrütet und beschützt hat.
Unsere Kinder sind nicht so. Das Kind ist noch nicht einmal geboren, schon ängstigt sich die Mutter, und die Eltern beginnen die Babyausstattung einzukaufen.
Ist es dann geboren, kommen weitere Auslagen auf uns zu: Kleidung, Söckchen, winzige Schühlein, Windeln, Höschen ... Dann kommen Spielzeug und Kinderbücher. Mit vierzehn Jahren geht das Kind noch zur Schule, und die Eltern bezahlen dafür und für Nachhilfestunden. Doch das Geld ist dabei noch das Wenigste. Mit der Zeit wachsen die Sorgen: die Prüfungen, der Lehrplatz, der Ausbildungserfolg, der Lebensstandard, die Hochzeit. Oft ist das Kind schon 25 Jahre alt und liegt den Eltern, die sein Studium bezahlen, noch immer auf der Tasche.
Ich habe gesagt „den Eltern". Ich meine alle beide; ich meine „seine" Eltern. Ich will damit sagen, daß das Kind nicht nur eine Familie braucht, sondern „seine" Familie. Ihr kennt kleinere Kinder. Von Natur aus haben sie Hunger und Durst nach der Liebe der Eltern, sie fühlen sich sicher, wenn sie Papa und Mama in liebevollem Einvernehmen miteinander sehen. Sie werden ängstlich und bange, wenn sie anfangen zu fürchten, daß sie den Beistand der zwei Menschen verlieren, die sie mehr als alles andere auf der Welt lieben, an die sie sich instinktiv mit ihrem ganzen Dasein klammern.
Habt ihr schon einmal Bücher über Psychologie gelesen, über Säuglingspflege? Oft beschreiben die Autoren folgen-

de Szene: Da drüben, im Raum nebenan, streiten sich die Eltern, die Stimmen werden laut; hier, in seinem Zimmer, späht der Kleine durch das Schlüsselloch, verängstigt, traurig, in seiner Psyche traumatisiert. Er hatte das Gefühl, seine Eltern lebten, gemeinsam und in allem einig, nur für ihn. Jetzt kommt es ihm vor, als hätte er das Gegenteil entdeckt. Alles bricht in ihm zusammen, er kann sich nicht mehr an die Zuneigung seiner Lieben anlehnen, er hat das Gefühl, niemals wieder geliebt zu werden, er wird aggressiv, von Ängsten gepackt, vielleicht sogar innerlich zerstört.

Aber nehmen wir nun an, die zwei kommen nach einer Serie von Streitereien zu dem Entschluß, sich endgültig zu trennen und sich scheiden zu lassen. Mit wem gehen die armen, ohnehin schon verängstigten Kleinen?

Mit dem Vater? Und dann mit einer Pseudo-Stiefmutter. Aber das Kind kann seine richtige Mutter nicht vergessen und beginnt schon bald den Vater zu verurteilen. Mit vierzehn, fünfzehn Jahren wird es ihm mit Worten oder durch sein Verhalten sagen: „Warum ist die da hier? Was hast du mit meiner Mutter gemacht?" Wie wird es in einer solchen Situation für den Vater möglich sein, sein Ansehen in den Augen des Kindes zu bewahren? Schmerzhafte Dramen werden sich in der Seele des Kindes abspielen, Komplexe, Störungen, es wird sich fremd im Hause vorkommen, immer mehr wird es das Gefühl haben, niemandes Kind zu sein, sondern ein Kind der Straße.

Das Kind geht hingegen mit der Mutter? Wenn sie allein bleibt, wird sie in der Lage sein, ohne ihren Mann die Entwicklung eines Jungen zu beeinflussen, der dabei ist, ein Mann zu werden? Wenn ein Pseudo-Stiefvater und Pseudo-Geschwister an ihrer Seite sind, dann sind wir wieder bei dem, was ich schon angedeutet habe: ein inneres Drama wird sich in der Seele des Kindes ereignen. Eine kürzlich durchgeführte wissenschaftliche Untersuchung hat ergeben, daß in Frankreich 85 Prozent aller Straftaten Jugendlicher von Kindern Geschiedener begangen wurden. Andere Umfragen haben gezeigt, daß jemand, der als Kind nicht fortlaufend Liebe erfahren hat und der in dieser Beziehung schmerzliche Enttäuschungen hat hinnehmen müssen, an der Liebe, die andere ihm entgegenbringen, zweifelt und nicht vertrauensvoll lieben kann, und wenn er selbst heiratet, dann droht seine Ehe schwierig zu werden.

4. *Für immer!* Das ist auch zum Wohl der Eheleute selbst. Die Justiz und die Rechte der Frau sind da mit involviert. Er, auch wenn er fünfzig Jahre alt ist, vor allem dann, wenn er Geld hat, einen Beruf oder eine Anstellung, findet leicht eine junge, attraktive Frau, mit der er ein „neues Leben" beginnen kann. Aber sie? Vor allem wenn sie abgerackert ist, weil sie alles dem Mann, der Arbeit im Haushalt und den Kindern gegeben hat, wer will sie dann noch? Da steht sie dann da, weggeworfen, wie eine ausgepreßte Zitrone, fast immer zu einem Dasein in Einsamkeit und Traurigkeit oder aber zu einem nicht ehrenvollen Lebenswandel gezwungen.

„Die Frau hat aber heute eine größere Unabhängigkeit", habe ich sagen gehört, „sie arbeitet außer Haus, ist versichert und hat die Aussicht auf eine eigene Pension." Das ist richtig, aber man lebt nicht nur vom Brot allein, vor allem dann nicht, wenn man sich mit seinem ganzen Sein einem Ideal hingegeben hat, das sich in einem Menschen konkretisiert. Ist die Scheidung einmal legitimiert, gerät auch die eheliche Liebe zwischen die Mühlsteine, sie verliert an Sicherheit und kann immer weniger eine Hilfe und Stütze sein.

Es gibt dieses *Für immer*? Dann gibt es Sicherheit und Vertrauen in die Zukunft. Das *Für immer!* ist gestrichen? Dann überlebt die Unsicherheit, die Furcht, der Verdacht: „Vielleicht wird er mich morgen verlassen. Vielleicht geht er morgen mit der weg, die heute noch seine Sekretärin ist, so jung, so grazil, so gebildet!" Das Zusammenleben selbst ist nicht mehr ein vertrauensvolles Sich-aufeinander-Einlassen, heiter-gelöste Selbsthingabe, sondern Bangigkeit, instinktive Verteidigung, Vorbereitung auf ein andersartiges Morgen. Auch die Schwangerschaft setzt neue Ängste frei: „Warum Kinder zur Welt bringen, wenn wir uns morgen trennen?" Auch die intimen Augenblicke selber werden von blitzartig aufzuckender Traurigkeit durchzogen: „Und wenn morgen eine andere erfährt, was jetzt zwischen uns geschieht, und mich verspottet?" Die Liebe wird in Eis geschlossen, und die Ehefrau läßt man unter einem Damoklesschwert leben.

Die Möglichkeit der Ehescheidung bedeutet auch, unserer unglaublichen Schwäche keine Hilfen und keine notwendige Aufmerksamkeit mehr zu schenken. Wir sind nun einmal keine Engel. Auch zwischen den besten Ehepartnern sind Schwierigkeiten und kleinere Krisen unvermeidbar, Mißverständnisse, Streitigkeiten, Unstimmigkeiten, Temperamentsausbrüche, unbedachte Worte, Empfindlichkeiten.

Wenn es das *Für immer!* gibt, bemüht man sich, diese Augenblicke der Schwäche zu besiegen. Das *Für immer!* ist ein großartiger Lehrmeister! „Diese Frau gefällt mir, aber ich muß mich zurückhalten. Ich bin für immer gebunden!" – „Mit dem Mann würde ich schon gerne einen Flirt anfangen, aber er ist verheiratet. Dabei käme nichts anderes heraus als eine verbotene und unehrenhafte Beziehung. Besser lasse ich die Finger davon!"

Ich will versuchen, mich noch deutlicher auszudrücken. Es kommt vor, daß ein Mann oder eine Frau unversehens und unerklärlich von einer gewaltigen Leidenschaft befallen wird. Was heißt es, in diesen Augenblicken der Krise stark zu sein? Es heißt zu wissen, daß man über Versuchungen dieser Art nicht einmal sprechen darf, vielmehr müssen sie sofort im Keim erstickt werden. Und was ist, im Gegensatz dazu, Schwäche? Wenn man sich selber sagt, daß man sich, wenn man nachgibt, zwar insgesamt gesehen vor Gott außerhalb der Vorschrift stellt, daß es aber ein Mittel gibt, das es einem erlaubt, vor den Menschen mit erhobenem Haupt einherzugehen.

Genau das ist die zivile Ehescheidung: ein vom Gesetz

angebotenes Mittel, vor der Gesellschaft den Kopf hochzuhalten, auch wenn man kein gutes Gewissen dabei hat.

5. *Für immer!* Auch für das Wohl des Vaterlandes.
In Italien gibt es noch keine Scheidung wie in Spanien,
Portugal, Argentinien, Brasilien und anderen alten Kultur-
nationen. So manch einer beklagt das und kämpft für die
Scheidung, als wenn sie ein Glück, ein Fortschritt wäre! ...
Aus Liebe zum Vaterland wäre es angeraten, dieses bri-
sante Thema fallenzulassen.
Ich habe „brisant" gesagt, weil ich mich den erheblichen
Schwierigkeiten dieser Thematik gegenüber nicht ver-
schließe. Und mir sind auch die Einwände gegenwärtig,
die dem einen oder anderen beim Lesen meiner Zeilen in
den Sinn kommen werden.

– Die erbarmungswürdigen und schmerzlichen Fälle, die
unerträglichen Situationen zum Beispiel. Der Gesetzgeber darf sich aber in bestimmten Augenblicken nicht vom
Mitleid hinreißen lassen. Ein Richter führt eine Verhand-
lung gegen einen Dieb. Da kommt die Frau des Angeklag-
ten mit den Kindern und fleht: „Es stimmt, mein Mann ist
schuldig, aber wenn Sie ihn verurteilen, bedeutet das den
materiellen und moralischen Ruin für unsere bisher rei-
che und angesehene Familie. Ich und diese Kleinen hier,
wir sind unschuldig. Ersparen Sie uns diese Schmach!" –
„Ich verstehe Ihre betrübliche Lage, gnädige Frau, aber
ich muß in erster Linie das öffentliche Wohl im Auge haben, die öffentliche Ordnung, und die fordert die Bestrafung der Schuldigen. Ich würde Sie gerne erhören, aber
die Pflicht gebietet mir, hart zu bleiben, auch wenn ich
selbst darunter leide."

– Aber das Scheidungsgesetz zwingt doch niemanden, sich
scheiden zu lassen, wird jemand denken, es gibt nur dem
die Möglichkeit, sich scheiden zu lassen, der sich scheiden lassen will. Wer nach christlichen Prinzipien lebt,
braucht ja keinen Gebrauch von dem Gesetz zu machen.
Stimmt. Aber die Scheidung ist ein Übel, wie der Betrug.

Ein gutes Gesetz ordnet ja auch nicht nur keinen Betrug an, sondern es schließt ihn aus und bestraft ihn, wenn er begangen wird. Die gleiche Behandlung müßte der Scheidung widerfahren: weder vom Gesetz angeordnet noch von ihm zugelassen.

– Es handelt sich ja doch nur um eine „kleine" Scheidung, wird ein anderer einwenden. Es geht nur um ein paar wenige Fälle, die verzweifeltsten.
Doch die Erfahrung lehrt: Jedes Gesetz hat seine Hintertür. Und die Rechtsanwälte sind so tüchtig! In Frankreich enden 33 Prozent der Ehen beim Scheidungsrichter. In den Vereinigten Staaten ist der prozentuelle Anteil noch höher.
Und außerdem stimmt es nicht, daß es sich nur um wenige Fälle handelt. In dem vorgeschlagenen Entwurf ist vorgesehen, daß die tatsächliche Trennung, die Trennung der ehelichen Wohngemeinschaft über einen Zeitraum von fünf Jahren einem das Recht gibt, die Scheidung zu fordern. Es ist so einfach für die beiden Ehepartner, sich darüber zu einigen und eine Trennung von fünf Jahren herbeizuführen, vorzutäuschen oder sich bescheinigen zu lassen!

– Warum, so wird sich jemand fragen, warum auf die Verhandlungen mit dem Heiligen Stuhl hinweisen, wenn man doch um die Unbeweglichkeit der katholischen Kirche in Sachen Unauflöslichkeit der Ehe weiß?
Ich denke in aller Bescheidenheit, daß es sich lohnen würde zu verhandeln. Daß die Ehe unauflöslich ist und daß nur Gott allein sie lösen bzw. die Vollmacht zu ihrer Auflösung geben kann (wie zu Zeiten des Mose), das sind Glaubenswahrheiten. Über diesen Punkt sind Verhandlungen unmöglich.
Daß die Kirche dank der Vollmacht, die ihr von Gott verliehen wurde, in bestimmten Fällen eine gültige Ehe auflösen kann, ist gewiß, das ist vorgekommen, und das kommt auch jetzt noch vor ...

Die folgenden Worte von Pietro Nenni stammen aus einem kürzlich erschienen Bericht (*Epoca*, 7. Januar 1968): „Ich war mit dem Fahrrad nach Saint Fleur unterwegs, zwischen Windböen und Regen radelte ich freudig vor mich hin und verbrachte so den halben Muttertag ... Was kann es mitten im Krieg Ergreifenderes geben als die Feierlichkeiten zu Ehren der Familie und der Mutter? Keiner hat dem Sozialismus mehr geschadet als jene Pseudosozialisten, die sich über die Familie und die sexuellen Beziehungen lustig gemacht haben." Nenni, ein Ungläubiger, aber „ein guter Familienvater im altmodischen Sinne" (so bezeichnete ihn Mario Missiroli), ist nicht der einzige, der auf der Gegenseite so denkt.

Wenn man über diese Thematik wirklich in keinen Dialog mit dem Heiligen Stuhl eintreten kann, so bleibt den Katholiken nichts anderes übrig, als geschlossen ihre grundsätzlichen Überzeugungen gegen die Ehescheidung zu verteidigen. Das werden sie im Lichte des Konzils tun, das die althergebrachten Grundsätze aufgefrischt hat, indem es davon spricht, daß die Scheidung die Würde von Ehe und Familie entstellt (*Gaudium et spes*, Nr. 47). Es betont die vom Schöpfer begründete innige Gemeinschaft des Lebens und der Liebe in der Ehe und das unwiderrufliche personale Einverständnis der Partner (*Gaudium et spes*, Nr. 48).

Mit dieser Schlußfolgerung beende ich meine kurzen Darlegungen und bete zum Herrn um seine Gnade für diese großartige und herrliche Sache, wie es die Familie eines jeden von euch ist.

Drei Briefe an Penelope

Das Thema Ehescheidung hat Luciani sehr beschäftigt, und er hat sich wiederholt in die darüber in Italien ausgebroche-ne Diskussion eingeschaltet. So auch mit drei fiktiven Briefen an Penelope, die Gattin des Odysseus, die er samt Penelopes Antwort im Jahre 1968 in der Wochenzeitung „L'Azione“ veröffentlicht hat und die in der etwas antiquier-ten Sprache der Sagen und Legenden geschrieben sind.

Erster Brief an Penelope

Ah! Ihr schöne, ihr widerspenstige Penelope, endlich könnt Ihr die Arbeit an Eurem berühmten Leichentuch einstellen, welches Ihr bei Tag und Nacht wirkt und wel-ches Ihr dann des Nachts wieder auftrennt, um diese lä-stigen Bewerber hinzuhalten, die um Eure Hand freien, weil sie davon überzeugt sind, daß Odysseus, Euer so vielseitig begabter Gatte, tot sei!

Endlich könnt Ihr die Weberschlichte und das Schiffchen niederlegen und Eure treuen Mägde weiter den Webstuhl bedienen lassen. Ihr könnt herunterkommen, wo die Frei-er auf Eure Kosten ausgelassen schlemmen, Ihr könnt Euch einen neuen Gemahl erwählen und mit ihm jenes Brautgemach aufsuchen, welches Odysseus in seiner Weisheit aus dem gesündesten Olivenholz gefertigt hatte. Tot oder nicht tot, möge er heimkehren oder möge er nicht heimkehren – Ihr habt jetzt Euer gutes Recht auf die Scheidung, und sollte Odysseus wiederkommen, umso schlechter für ihn. Er hätte Euch eben nicht allein mit all den Freiern zurücklassen dürfen, um in Troja Holzpferde zu bauen, um den Zyklopen brennende Holzpfähle in die Augen zu stoßen und um hernach auf den Meeren herum-zubummeln ... obendrein noch ohne Kompaß.

Die einzige Schwierigkeit, die Euer künftiges Glück noch zu trüben vermöchte, ist dieser kleine Balg, Telemach, Euer Sohn aus erster Ehe.

Tatsache ist aber, daß er das akzeptieren muß, und er lebt doch, er ist gesund und kräftig. Er hat seine richtige Mutter, und von nun an wird er eineinhalb Väter haben. Den ersten, von dem man nicht weiß, wo er ist. Und dann jenen anderen halben, den, der bei Euch weilt und der bereit sein wird, ihm Geschwister neuer Prägung zu schenken.

Wenn nun, gesetzt den Fall, Odysseus auf sein felsiges Ithaka zurückkehren würde, dann wären durch das Gesetz zwei Fliegen auf einen Schlag erledigt. Seine Frau ist nicht mehr seine Frau? Gut so, er schnappt sich seinen Sohn Telemach, besteigt wieder sein Schiff und fährt von dannen, um nun seinerseits die lichte Nausikaa oder die unwiderstehliche Circe zu heiraten.

Und so wird sich der glückselige Telemach, anstatt Waise zu sein, unversehens eines richtigen Vaters und einer richtigen Mutter und dazu noch eines weiteren behelfsmäßigen Vaters und einer weiteren behelfsmäßigen Mutter mit Brüdern und Schwestern einer Mutter ohne Vater oder eines Vaters ohne Mutter erfreuen. Sicher, sein Familienstand wird unübersichtlich und verwirrend sein, das ja, aber seine Zukunft ist gesichert.

Ah, was für eine schöne, was für eine umsichtige, was für eine äußerst zivilisierte Einrichtung ist doch die Ehescheidung!

Penelopes Antwort

Mein Herr, nicht an mich, die Gattin des Odysseus, dürfte Euer Brief über die Ehescheidung gerichtet sein, wohl eher an die hochehrenwerte Helena, die Gattin des Menelaos. Was geht das mich an? Ich liebe keinen anderen, ich denke an keinen anderen und ersehne keinen anderen als eben allein jenen Odysseus, meinen Mann, auch wenn er noch weit entfernt ist, herumirrend und unglücklich, dem Zorn der Götter ausgesetzt. Nur ihm allein bleibe ich in Zärtlichkeit und liebender Treue verbunden, nur ihm und seinem Schicksal, welches es auch immer sei, in holdseligem Glück oder im Unglück fest verbunden, wie das Efeu an der Ulme. So erfreuten wir uns des blühenden Frühlings und des fruchtbringenden Sommers. Und so werden wir, wenn der Blitz einschlägt, gemeinsam fallen, geschlagen und besiegt, aber niemals getrennt. Auch wenn er mich bei den Küssen der Circe oder den Gunstbeweisen Nausikaas vergessen haben sollte, dann wäre er allein der Undankbare, der Schuldige, nicht ich. Ohne ihn wird mein Herz immer wie ein leerer Tempel ohne seinen Gott sein. Aber auf den Ruinen des zerbrochenen Altars wird es niemals Platz für einen anderen Götzen geben.

Niemand bette sich jemals in dieses heilige Ehegemach, wo ich die Seine, wo er der Meine war, wo wir zusammen mit unserem Sohn Telemach ruhten, der Blume unserer Küsse.

Und wer könnte jemals so verwegen sein, auf dem Kopfkissen des Odysseus schlafen zu wollen, aus seinem Becher zu trinken, seinen Sohn zu erziehen, sein Pferd zu reiten, seinen Hund zu rufen?

Für ihn, wer auch immer es sei, hätte Penelope nur eine bittere Antwort bereit: Entferne dich, o Fremder! Begehre nicht die gepflückte Rose, nicht das entzweite Bett. Im Hause des Odysseus wirst du immer eine Lagerstatt für den Gast finden, ein Brot für den Bettler, einen Bogen für den Jäger. Niemals aber gibt es, weder jetzt noch in Zukunft, mehr als die eine Liebe, treu, geduldig, unveränderlich, und die gilt einzig und allein nur ihm.

Mögen die dreisten Freier nur tafeln und schlemmen und zechen und das Vermögen des Waisen vergeuden, während sie die Treue der Gattin versuchen. Aber wenn Odysseus zurückkehrt ...!

Und er wird heimkommen, o ja, er wird heimkommen! So verkünden es mir meine Träume jede Nacht. Und niemand wird ihn erkennen, außer den zwei treuesten Wesen in seinem Haus: seine Frau und sein Hund, obgleich er blind ist, denn wir werden ihn mit dem Herzen wiedererkennen. Wie ein Pilger wird er an die Pforte seines Hauses klopfen und nach seinem berühmten und starken Bogen verlangen, den keiner dieser meiner memmenhaften Bewerber zu spannen vermag. Er aber wird ihn wieder spannen, denn all das erlittene Unglück wird seinen Arm nicht geschwächt haben. Und dann werde ich selber ihm die zugespitzten Pfeile reichen – und zwar viele.

Und dann, o ihr elenden, ihr feigen Freier, die ihr das Haus ohne Herrn mißbraucht, die ihr der einsamen Ehefrau nachstellt, die ihr einen schutzlosen Sohn ausplündert, dann, o ihr Freier, wehe euch!

An diesem Tag, o Telemach, werde ich dich jubelnd deinem triumphierenden Vater an den Hals legen – gleich einer Traube an der Rebe. Und ich werde mein so viele Jahre verlassenes Bett mit Blumen schmücken und die duftendsten Hochzeitsfackeln entzünden, wie in der glückseligen und heiligen Nacht, in der ich dich empfangen habe.

Bis dahin warte ich und ziehe mich zurück – an den Webstuhl.

Penelope

Zweiter Brief an Penelope

Fürstin, es stimmt wirklich, was ein weiser Mann, an dessen Namen ich mich nicht mehr erinnere (das übliche Schicksal der Weisen!), einmal gesagt hat, daß nämlich das Gefühl einer Frau häufig viel schwerer wiegt als alle Bekundungen der Vernunft eines Mannes.

Auch ich war der Scheidung auf den Leim gegangen, die uns die moderne Soziologie mit dem Köder des Sophismus präsentiert hat. Nach Eurem Brief aber bekenne ich Euch reinen Herzens, daß ich bereue, und ich bitte Euch um Vergebung.

Obwohl Ihr eine Heidin seid, habt Ihr die Heiligkeit, die Würde, die eiserne Notwendigkeit einer unauflöslichen Ehe eher und besser verstanden und vor allem „empfunden" als gewisse im Glück lebende kleine Damen und gewisse unglücklich argumentierende Erneuerer.

Denn vom Holzwurm der Scheidung angenagt wird die Ehe schon jetzt in ihrer eigenen inneren Natur unbrauchbar und käuflich, so wie sie in ihrem innersten Wesen erniedrigt und entweiht wird.

Soll denn die eheliche Verbindung wie ein Lasso ohne Schlinge sein? Was werden die Ehen denn anderes mehr sein als die Miete der Herzen und die Vermietung der Geschlechter?

Die unauflösliche Ehe ist ein zweibändiges Buch in einer einzigen Ausgabe, die – so langweilig und schmerzlich sie auch sein mag – mit ihrer rechtschaffenen Moralität am Ende jedoch immer einen sozialen und zivilen Sinn hat. Die Ehe mit der Scheidung ist hingegen ein anderes Paar – Scheren, die, wenn sie erst einmal von dem verbindenden Bolzen gelöst sind, Mann und Frau wieder zu einer einzelnen Klinge werden lassen, die zu nichts mehr nütze ist, gleichwohl aber großen Schaden anrichten kann.

Ein Freund von mir, der sich gelegentlich als Dichter versuchte, schrieb eines Tages für einen anderen Freund, der im Begriff stand, sich zu verheiraten:

> „No, caro, questa non è catena
> Che la tua vincola felicità;
> Se Amor la pondera, si sente appena,
> Più stringe, amabile di più si fa."

Aber ob schwer oder leicht, eine Kette ist immer etwas, das einem Fesseln anlegt, mit den Kindern, mit all der Reihe von Verpflichtungen und den moralischen und zivilrechtlichen Folgen.

Auch wenn wir bezüglich der Notwendigkeit einer unauflöslichen Ehe größtenteils einer Meinung sind, verhehle ich Euch jedoch nicht, Fürstin, daß es unvermeidlich ist, anzuerkennen, daß sich hin und wieder bestimmte Fälle ergeben.

Helena hat es zum Beispiel mit Menelaos zu tun, oder umgekehrt. Und es liegt auf der Hand, daß es in diesem Fall, hätte es die Scheidung gegeben, nicht zum Trojanischen Krieg gekommen wäre.

Da ist ein Ehemann, zügellos und bestialisch, der seiner unschuldigen Gefährtin mit jeder Schande schwere Schmach antut, der sie auf jede erdenkliche Art mißhandelt.

Oder da ist die perverse Ehefrau, bitter wie Aloe, stechend wie eine Brennessel, unersättlich wie die Hölle.

Nehmen wir auch einmal den Fall, einer der Eheleute ist ein Verbrecher, zu lebenslänglicher Haft verurteilt. Das heißt, er wird zu einem lebendigen Toten, dessen Kette als Zuchthäusler sich derart mit seiner Kette als Ehepartner verflechten wird, daß dabei am Ende eine doppelte Bestrafung für nur einen einzigen Schuldigen herauskommt.

Und wie viele andere unheilvolle, merkwürdige, scheußliche und verhängnisvolle Fälle gibt es noch, in denen der „liebende Knoten" ganz leicht zu einer Schlinge wird, die einen erdrosselt.

Wie denkt Ihr darüber, Fürstin? Haltet Ihr es auch in solchen Ausnahmefällen für richtig, an der Unauflöslichkeit der Ehe festzuhalten? Wer ist schuld? Wie kann man abhelfen?

Ich bitte Euch um eine Antwort, nicht so sehr für mich, sondern vielmehr für die kleinen Damen, die diesbezüglich nicht allzu klar sehen. Die Meinung einer vorbildlichen Ehefrau, einer perfekten Dame, wie Ihr es seid, kann nur Gutes bewirken.

Ich warte. Danke!

Penelopes Antwort

Ja, es ist richtig, es gibt im Leben bestimmte Fälle, die nicht voraussehbar sind, bei denen Besonnenheit zu nichts führt, mit leidvollsten Erfahrungen. Das Unvorhergesehene, das Schreckliche schlägt bisweilen in die Ehe ein, wie der Blitz in den Baum einschlägt und ihn dabei bis in die Wurzeln spaltet.

Ist es dann also richtig, die Frau des Zuchthäuslers gemeinsam mit ihm an die Fesseln des zu lebenslanger Freiheitsstrafe Verurteilten gekettet zu halten? Ist es richtig, die Frau, einer Taube gleich, in den Klauen des Falken, ihres Ehemanns, zu belassen, obwohl er sie quält? Ist es schließlich richtig, den Mann wie ein Lamm zwischen den erstickenden Stachelzähnen der Schlange, seiner Frau, zu lassen?

O weh, mein Herr! Das sind außergewöhnliche Fragestellungen. All das aber läßt doch fragen: Ist es folglich richtig, daß es auf der Welt Unheil und unglückliche Menschen gibt?

Nun also, mein Herr, diese Ehemänner und diese Ehefrauen gehören schlicht gesagt zu den „Unglücklichen", so wie ihre leidvollen Ehen schlicht gesagt in die Rubrik „Unheil" fallen.

Und nichts ist einzigartiger, nichts persönlicher, und nichts ist mehr „unser" als das Unheil. Wir können vielmehr sagen, daß es im menschlichen Elend das einzige ist, das wirklich „uns" gehört, ist es doch wahr, daß niemand oder nur ganz wenige herbeieilen, um es mit uns zu teilen. Von dem Unglücklichen halten sich alle fern, wie von einem von den Göttern geschlagenen Leprakranken. Er ist mit „seinem" Schmerz ganz allein.

Und was vermag die menschliche Klugheit schon gegen den Willen der Götter? Und was vermögen menschliche Gesetze gegen das Unheil, das wie ein finsterer Spuk jeden von uns umlauert?

Was auch immer geschieht und welcher Art auch immer der „scheußliche und verhängnisvolle" Fall sein mag, der unversehens auf die zwei Herzen hereinbricht, um sie zu trennen – Mann und Frau bilden, sind sie erst einmal verheiratet, eine Einheit. Wenn diese durch die Scheidung aufgehoben wird, bedeutet das nicht nur, zwei Menschen zu trennen, sondern vielmehr einen sozialen Organismus zu zerreißen, was Blut und Tränen kosten wird, oh, und wie viele!

Das werden die Kinder erfahren, versprengt und zerstreut wie die zu Boden gefallenen sauren Früchte eines gefällten Baumes. Und die unehelichen Kinder werden es erfahren, die durcheinandergeworfenen Familien, die wankelmütigen Frauen und die törichten Männer.

Zerschlagt nur eure Kette, o ihr launenhaften Menschen, wenn sie euch zu schwer erscheint, immer aber wird sie in euch wieder erdröhnen, noch quälender, wenn sie gesprengt ist, als wenn sie unversehrt geblieben wäre: im

Herzen der Ehebrecherin wie ein Vorwurf; bei den Schritten des Lüsternen wie ein Ordnungsruf; auf dem Kissen der „Singles" wie das Begräbnisgeläut für eine tote und verratene Liebe, die man verabscheuen, aber niemals vergessen kann.

Und welche Frau mit Würde, mit weiblichem Stolz, mit schamhafter Selbstachtung wird der ausgespülten Liebe eines Wesens (lächerlich, verachtenswert, nichtssagend, wie ein abgenutztes, aus dem Fenster geworfenes Haushaltsgerät) anheimfallen, das sich „geschieden" nennt? Ein solcher Mann wird nichts anderes sein als ein der Liebe entwürdigtes Wesen!

Schön wird also Eure Scheidung sein, notwendig und zivil, aber nur, wenn einem auch der gesättigte Blutegel schön vorkommt. Notwendig, wie Ihr sagt, die Schere mit nur einer Klinge. Zivil das Leeren des verworfenen Bechers.

So denkt Penelope.

Dritter Brief an Penelope

Ach, Fürstin, der gute Homer, blind, aber von einem göttlichen Strahl wahrhaft erleuchtet, hatte wohl recht daran getan, Euch eine Dichtung zu widmen! Ihr seid in der Tat eine der seltensten Blumen der Tugend, die jemals zwischen den Brennesseln in den Gärten des Hymenäus wuchsen!

Und es ist nur allzu wahr, daß – wie Ihr sagt – nichts mehr „unser eigen" ist als unser Unglück!

Jede wohlbedachte Gesetzgebung wird deshalb jeglichem öffentlichen Mißstand zuvorkommen und sich seiner annehmen, um ihm – wenn sie es vermag – zu begrenzen, um ihn – wenn es sein muß – auszumerzen.

Wie aber wird sie dem privaten Leiden abhelfen können, wie dem privaten Unheil, dem häuslichen Unglück?

Gestehen wir – aus Liebe zur Wahrheit – ruhig ein, daß die Scheidung in bezug auf ganz bestimmte, gleichermaßen erschreckende wie mitleiderregende wirkliche Ausnahmefälle zu einem Akt bürgerlicher Gerechtigkeit oder auch menschlichen Erbarmens werden kann, aber ...

Aus den Häusern der Geschiedenen wird Hymenäus selber – wie aus einem zerstörten Tempel – erschaudernd die Flucht ergreifen und sich die Augen dabei mit dem Flügel bedecken, und selbst die romantische Grille, Sinnbild gemütlicher Häuslichkeit, wird aufgeschreckt woanders hinfliegen.

Zum Beispiel zu den Wiesen oder in die Wälder, um mit ihren heiteren Gesängen die friedlichen Hochzeiten der Rinder, der Ziegen, der Hirsche zu erfreuen – äußerst einsichtiger Tiere, gerade weil sie ohne Gesetze und ohne Gesetzgeber leben, die mit Berufung auf das öffentliche Wohl von ihnen verlangen, sich die Hörner zählen zu lassen ... vielleicht, um auch sie mit einer Steuer für bewegliches Vermögen zu belegen.

Und Ihr, o Treue, übt Euch in der Zwischenzeit in Geduld und wartet weiterhin auf Odysseus. Er wird heimkommen!

Telegramm von Penelope

Heimgekehrt! Freier geschlagen! Meine Treue belohnt! Ehemann zur rechten Zeit zurück! Glückliches Alter. Ehebett wieder warm. Unauflöslichkeit hat sich bezahlt gemacht. Scheidung absurd. Teilt das den kleinen Damen mit!

Penelope

„Reform" der Familie?

Vor einigen Monaten wurde ich nicht ohne eine Spur von Boshaftigkeit gefragt: Was denkt eigentlich der Bischof über die Reformen des sogenannten „Familienrechts"?

Widersprüchliche Meinungen der Katholiken

Es war im September, und in Catania beging man gerade die „Sozialwoche der italienischen Katholiken". Der erste Referent, ein Laie, hatte die Familie als eine schwer erkrankte Patientin dargestellt: schwer krank und gleichzeitig vernachlässigt. „Die Leute", erklärte er, „denken leider mehr daran, wie es ihnen gutgehen könnte, als daran, Gutes zu tun." Und er kam zu dem Schluß: „Zum Glück ist in Italien Abhilfe in Sicht: die Reform des ‚Familienrechts'!" Hätte er das doch bloß nicht gesagt! Ein anwesender Ordensbruder erhob sich, um dem Redner den Kampf anzusagen: Eine Abhilfe – dieses „skandalöse, schlampige Projekt"? Gleiche Rechte für Mann und Frau in der Haushaltsführung einführen, auf Kosten der Autorität des Familienvaters? Den „Familienrichter" in die heiligen und unverletzlichen Mauern der häuslichen Intimität Einzug halten lassen? Das Publikum war geteilter Meinung: die eine Hälfte für die Reform, die andere dagegen. Die Presse hatte das Geschehen verbreitet und kommentiert, und mein Gesprächspartner war begierig zu erfahren, mit wem es sein Bischof hielt.

Einige Vorbehalte ...

Ich sage es frank und frei: Ein paar Präzisierungen vorausgesetzt, bin ich für die Reform. Aber werfen wir einen Blick auf diese Präzisierungen.

1. Die Reform wird, wenn sie in Kraft getreten ist, nach meinem Dafürhalten nur eine sehr partielle „Abhilfe" sein und nur gelegentliche Mißstände beseitigen. Sie wird kein Allheilmittel, kein Wundermittel für alle Pro-

bleme in der Familie sein. Ich bleibe also bei meiner Meinung, daß es wenig hilft, die Institutionen zu verbessern, wenn sich die Menschen nicht bessern.

2. Die italienische Verfassung verkündet die Gleichheit ihrer Bürger, seien es Männer oder Frauen. Dieser Grundsatz ist richtig, und mit vollem Recht beseelt er die angestrebte Reform, aber er kann nicht bis zu den äußersten Konsequenzen fortgeführt werden: Dann müßten nämlich die jungen Frauen den Militär- oder einen entsprechenden anderen Dienst ableisten, was dazu führen würde, daß sie sich weniger gewissenhaft auf die Gründung einer Familie vorbereiten könnten. Das Konzil spricht treffender von einer „gleichen personalen Würde" des Mannes wie der Frau in der Ehe (*Gaudium et spes*, Nr. 49). Mit der Gleichheit der Würde vertragen sich auch die unterschiedlichen Aufgaben und verschiedenartigen Funktionen des einen wie des anderen.

3. Was das Vorhaben des Ministers Reale betrifft, so halte ich es in der Substanz für gut, einige Details scheinen hingegen noch diskussionswürdig zu sein, um bestehende Lücken auszufüllen.

... aber grundsätzliche Zustimmung
Hier nun einige Punkte, mit denen ich – unter den genannten Voraussetzungen – übereinstimme.

1. Die Frau erreicht heute per Gesetz die höchsten Regierungs- und Verwaltungsposten und sie erfüllt diese Aufgaben ehrenvoll und mit großem Verantwortungsbewußtsein. Warum sollte sie dann von einer erweiterten Mitwirkung an der Versorgung ihrer eigenen Familie ausgeschlossen sein?

2. Ich finde es richtig, daß die Ehepartner im Bewußtsein um die Bedürfnisse der ganzen Familie gemeinsam festlegen, unter welcher Anschrift die Familie zu erreichen ist und an welchem Ort sie sich niederläßt. Im

Gegensatz dazu entscheidet das heute per Gesetz allein der Mann: Der von ihm ausgewählte Wohnsitz wird automatisch auch Wohnsitz der Frau. Und es ist nicht gut, daß nur die Frau bis jetzt für das „Verlassen der ehelichen Wohngemeinschaft" bestraft werden kann.

3. Bisher steht nur dem Vater laut Gesetz die Erziehungskompetenz über die Kinder zu. Ich finde es hingegen richtig, daß sie von beiden Elternteilen gemeinsam ausgeübt wird und daß das Gesetz deutlich betont: „ausgeübt im Interesse des Kindes".

4. Das heutige Gesetz lautet: Der Ehemann kann seine Frau im Falle des Ehebruchs auch für eine einzige Untreue bestrafen lassen. Die Frau allerdings kann ihren Mann nur dann verklagen, wenn er sich eine Geliebte in der ehelichen Wohnung oder auch andernorts hält, gesetzt den Fall, es handelt sich um eine ständige Beziehung. Nach meinem Dafürhalten wird hier weder die Gerechtigkeit noch die italienische Verfassung respektiert.

Behutsame Zugeständnisse an die „wilden Ehen"
Ich habe oben auf die Lücken der geplanten Reform hingewiesen. Eine erscheint mir von besonderer Bedeutung zu sein. Es gibt in der Tat unleugbare krankhafte Situationen von Familien, die schmerzhaften Härtefälle. Manche schlagen zur Abhilfe die Scheidung vor, wodurch allerdings im Gegenteil die Übel nur noch größer würden. Aber welche Hilfsmittel, außer der Scheidung, könnte man finden? Ist die rechtmäßige Ehe erst einmal gesetzlich geschützt und erhält sie einen Ehrenplatz, könnte es dann nicht möglich sein, mit aller gebotenen Behutsamkeit den „wilden Ehen" ein paar gesetzliche Zugeständnisse zu machen? Könnte man nicht zum Beispiel mit dem Gesetz die Lage der unehelichen Kinder verbessern? Oder die Vermögens- und Erbschaftssituation klären? Es sind ungesetzliche Verbindungen – zugegeben – und es ist ein Risiko, sie zu legalisieren, wenn auch nur teilweise. Ein

Risiko wegen des Unrechts, das man den rechtmäßigen Familien zufügen würde, und auch weil man dadurch neue „wilde Ehen" in gewisser Weise ermutigen würde. Wenn aber nun gleichzeitig diese Teillegalisierung das weitaus schlechtere Scheidungsgesetz verhindern und bei anderen unzweifelhaften und schwerwiegenden Mißständen Abhilfe schaffen würde? Nicht nur ich denke das. Und ich stehe nicht allein mit meiner Meinung, daß auf diesem Gebiet die „Katholiken" und weitere politische Kräfte ein Einvernehmen finden könnten, um die tückischen Klippen der Scheidung zu umgehen.

Familie und Erziehung

Es besteht kein Zweifel, daß zuallererst den Eltern das Recht und die Pflicht der Erziehung zukommt. Die Bande des Blutes nähren eine ganz besondere Liebe bei den Eltern, sie geben ihnen ein spezielles Gespür für die Fähigkeiten, die Schwächen und die Bedürfnisse ihrer Kinder und regen sie zu einer großherzigen Hingabe zu deren Besten an. Dieselben Blutsbande wecken in den Kindern dementsprechend ebenfalls Liebe und Vertrauen, was einer Aneignung der Inhalte der elterlichen Unterweisung nur förderlich sein kann. Das Zusammenleben von Eltern und Kindern innerhalb der häuslichen Gemeinschaft bietet so viele Gelegenheiten zur Erziehung, wie sie anderen Pädagogen nicht zur Verfügung stehen. Wohlgemerkt, diese erzieherischen Möglichkeiten können sich aus anderen Gründen noch ausweiten, sich verringern oder ganz zunichte gemacht werden, etwa durch die besonderen Fähigkeiten der Eltern und das Ansehen, das sie bei ihren Kindern genießen: durch die ruhige und gelöste oder aber gereizte Atmosphäre, die in der Familie herrscht; durch störende Einflüsse, die man fernzuhalten versteht oder die man unbehelligt eindringen läßt.

Oft ist es der Erfolg ihrer Kinder, wonach die Eltern in erster Linie trachten, d. h. heute ein gutes Zeugnis und morgen ein schöner Posten. Das ist jedoch ziemlich wenig, wenn man alles nur darauf setzt. Schon Montaigne hat einmal gesagt: Es geht nicht darum, mit Wissen „vollgestopfte Köpfe", sondern „gebildete Köpfe" hervorzubringen. Vittorino da Feltre hat seine berühmte Schule ein „fröhliches Haus" genannt: Die Gonzaga, die Montefeltro und andere, die daraus hervorgingen, waren vielleicht weniger mit Gelehrsamkeit vollgestopft als die Schüler anderer Humanisten, alle wurden sie jedoch tüchtige Leute. Die praktische Sichtweise Vittorinos ist allerdings nicht zu verwechseln mit der reinen Konsumideologie, die uns vom Fernsehen suggeriert wird und die wir alle ganz unbemerkt zu übernehmen in Gefahr sind. Ich will das kurz erklären: Auf dem Bildschirm sehen wir ab und zu den bekannten Sportler Mazzola, wie er einer Gruppe von Buben das Fußballspielen beibringt. „Der Sportler von heute für die Athleten von morgen", sagt dazu der Sprecher. Ihr denkt euch vielleicht dabei: „Endlich einmal einer, der den Knirpsen klarmacht, daß man auch Opfer bringen und die Entbehrungen des Trainings auf sich nehmen muß!" Doch leider, nur ein kurzer Augenblick, dann stürzt sich die ganze Meute mit Mazzola an der Spitze auf die so köstlichen und lauthals angepriesenen Mehlspeisen. Die Szene wechselt, und es erscheint Beppo, der in der Schule ein absoluter Faulpelz ist. „Man sollte ihn mehr schuften lassen, dann wird sich der Erfolg schon einstellen", denkt ihr euch wahrscheinlich. Doch im Fernsehen heißt es: „Die Mama soll Beppo diesen bestimmten Kaugummi kaufen, dann wird sie sehen, welche Resultate das zeitigt: ein Zeugnis mit den allerbesten Noten!" Als drittes eine Szene an der Universität mit einem Studenten, der sich Fragen über seine Zukunft stellt. „Er braucht sich keine Sorgen zu machen" – versichert der Sprecher –, „er muß nur diesen Anzug der Marke XY kaufen und eine glänzende Karriere ist ihm gewiß." Diese Art von Werbung scheint harmlos zu sein, sie ist jedoch in der Erziehung kontraproduktiv. Umso mehr, als sie nie einen Kranken zeigt, einen Behinderten, einen alten Menschen, die Behausung armer Leute, ein Krankenzimmer oder eine Gefängniszelle, sondern die Aufmerksamkeit auf zweitrangige Dinge lenkt, die verherrlicht und in den Himmel gehoben werden. Andere Dinge, die sehr real, wenn auch schmerzlich sind, werden dafür verschwiegen und die jungen Leute in dem Glauben bestärkt, das Leben sei immer und für alle leicht und unbeschwert, alle könnten mit wenig Aufwand schön, elegant und glücklich sein, und eine schöne Frisur, weiße Zähne und ein sauberes Hemd – „weißer geht es nicht" – seien das höchste Ideal, das es anzustreben gelte.

Es scheint leicht, über Familie und Erziehung zu sprechen – das ist es aber nicht. Da gibt es nämlich die Erziehung *in* der Familie, die Erziehung *zur* Familie und die Erziehung *mit* der Familie. Ich beginne mit dem ersten, aber das Thema wird bei näherem Hinsehen immer komplizierter: In der Familie erziehen die Eltern die Kinder, die Geschwister erziehen die anderen Geschwister, die Eheleute erziehen sich gegenseitig, und schließlich „lehren die Küken die Gänse das Trinken", das heißt, die Kinder erziehen ihre Eltern!

Autorität ja, aber mit Fingerspitzengefühl
Früher sagte man den Eltern: Erziehung ist eine Sache der Autorität! Das ist auch heute noch so, aber mit gewissen Anpassungen und Erklärungen.
Zu einem Jugendlichen beispielsweise spricht man nicht wie zu einem Kind. Jugendliche in der Wachstumskrise fühlen, daß sie erwachsen werden, und sie wollen es sich und den anderen beweisen. Daher der Wunsch, alles allein zu machen, der Drang nach Unabhängigkeit, die Irritation bei offensichtlichen Widersprüchen. „Du bist kein Kind mehr", sagt heute der Vater, aber am Tag darauf: „Das ist nichts für dich, du bist schließlich noch ein Kind!" – „Wähle, du bist frei!", aber der Heranwachsende hat den Eindruck, daß die Eltern ihn allmählich so zurechtbiegen, wie es ihnen gefällt. „Gestern abend bin ich eine halbe Stunde zu spät nach Hause gekommen, und sie haben eine Tragödie daraus gemacht!" – „Sie tun nichts anderes, als mich zu kritisieren und mir die anderen vorzuhalten, die besser sind als ich: Schau mal die, schau mal den da!" In jedem Haus, so kann man sagen, haben wir Jugendliche, die so reden. In jedem Haus haben wir zwei sich gegenüberstehende Generationen: die Jugendlichen, die den Erfahrungen anderer mißtrauen, und die Älteren, die – weil sie einmal ihre Erfahrungen gemacht haben – sich nicht vorstellen können, alles noch einmal zur Diskussion zu stellen und von vorne zu beginnen. Was soll man sagen? Seitens der Eltern sind Nachsicht und Geduld erfor-

derlich, gepaart mit kluger Standhaftigkeit. Seitens der Kinder darf es nicht an Respekt und Fügsamkeit mangeln. Die ersteren müssen bereit sein zu diskutieren, so daß sie zu echten Freunden ihrer Kinder werden, die sich aufrichtig und aus vollem Herzen für das Sportgeschehen, die Mode, die Vorstellungen der Jugendlichen interessieren. Die letzteren müssen zusehen, daß sie sich dem Dialog nicht verweigern und ihn gemeinsam mit den Eltern suchen. So soll zur Mutter, die ihren Unmut über den Umgang ihrer Tochter äußert, nicht gesagt werden: „Mama, davon verstehst du nichts!", sondern: „Warum denkst du, daß meine Freundin Julia flatterhaft ist?"

Das Konzil sagt: „freundschaftliches Gespräch"!
Viele Dinge haben sich in der Welt geändert, und das muß man zur Kenntnis nehmen. Die Jugendlichen merken das. „Die Jugend", sagt das Konzil, „hat in der heutigen Gesellschaft einen sehr bedeutsamen Einfluß. Dabei sind ihre Lebensverhältnisse, ihre Geisteshaltung und die Bindungen zur eigenen Familie weitgehend geändert ... Im wachsenden Bewußtsein der eigenen Persönlichkeit, getrieben von vitaler Begeisterung und überschäumendem Tatendrang, übernehmen sie eigene Verantwortung, begehren sie ihren Anteil am sozialen und kulturellen Leben ... Die Erwachsenen mögen dafür Sorge tragen, mit den Jugendlichen in ein freundschaftliches Gespräch zu kommen" (*Apostolicam actuositatem*, Nr. 12).

Zeichen der Zeit
Die Fakten liegen klar vor unseren Augen: Die Jugendlichen haben dazu beigetragen, die Regierungen in Korea, in der Türkei und in Indonesien zu stürzen, und sie haben den „Neuen Kurs" in der Tschechoslowakei ausgelöst. Seit sieben Jahren füllen sie in unterschiedlicher Hinsicht die Spalten der Zeitungen, zum Teil beeindrucken sie die Leute und begeistern sie, und zum anderen Teil erfüllen sie sie mit Sorge: Sie unterstützen die Kennedys und die „neue Politik" in Amerika; sie sind berauscht von der

Freiheit, dem Frühling und dem Heldenmut in Prag; Beat, Bluejeans, Teddyboys und schwarze Jacken sind ihre Kennzeichen, und sie stürzen sich in unwahrscheinlichen Invasionen auf die Strände, in hysterische Spektakel, verbunden mit elektrischen Gitarren und singenden Schreihälsen. Aber sie haben sich auch als vorbildlich erwiesen in ihren Bürgertugenden bei den Überschwemmungen in Florenz und bei Biella ...

Ein Vater von früher, aber mit modernen Methoden
Zu Hause alles verdammen, das wäre nicht klug. Besser ist das vom Konzil empfohlene „freundschaftliche Gespräch". Besser ist es, das Neue zu akzeptieren, wenn es gut ist, die Jugendlichen Schritt für Schritt zu einer verantwortlichen Teilhabe in Familienangelegenheiten anzuleiten und sie dazu zu bringen, ihren unfruchtbaren Protest in realistische Vorschläge zu wandeln. Besser ist es, mit ihnen in der Weise Gespräche zu führen, daß sie die schädlichen Folgen erahnen können, in die unkontrollierte oder von Leuten mit zweifelhaften Absichten gelenkte Bewegungen ausufern können. Das ist heute die Autorität, wie sie Jugendlichen gegenüber angebracht ist. Die „Härte" von gestern – besser, man erinnert sich nicht daran. Es ist von den Eltern nicht klug zu sagen: „Wenn mein Vater etwas sagte, fuhr ich jedesmal hoch!" – „Mein Vater hat es so mit mir gemacht, und daher mache ich es auch so mit dir!" Denn es ist doch überhaupt nicht erwiesen, daß besagter Vater die bessere Methode anwandte. Hören wir, wie vor einem Jahrhundert die Brüder Visconti Venosta erzogen wurden. Einer von ihnen, Giovanni, war Literat, der andere, Emilio, Politiker unseres Risorgimento.* „Eine Erziehungsmethode meines Vaters bestand darin, daß er so viel Zeit wie möglich mit seinen Kindern verbrachte, er forderte unbegrenztes Vertrauen von uns, welches er zur Gänze erwiderte, und er betrachtete uns

---

* Risorgimento = italienische Freiheits- und Einigungsbewegung des 19. Jahrhunderts.

so, als wären wir älter, als wir es tatsächlich waren. So pflanzte er in uns den Sinn für Verantwortlichkeit und Pflichtgefühl. Wir wurden als kleine Männer behandelt, was uns außerordentlich schmeichelte. Aus diesem Grund war es ständig unser Bestreben, uns auf diesem Niveau zu halten."

In einer Familie wollte die zehnjährige Tochter in die Diskothek gehen. Sie legte sich mit der Mutter an:
– Alle gehen dorthin, ich will auch hingehen!

Die Mutter bereitete gerade einen Pudding zu und fragte die Tochter:

– Wo sind die faulen Eier, die ich heute morgens in dem Regal entdeckt habe?
– Im Mülleimer, warum?
– Bring sie mir, bitte!
– Was willst du damit machen, Mama?
– Ich will sie in den Pudding tun!
– Aber die sind faul und werden alles verderben!
– Geduld!, antwortete die Mutter. Einen verdorbenen Pudding kann man wegwerfen. Wenn du dir aber deinen Kopf mit Müll vollstopfst, kannst du ihn dann auch auf den Misthaufen werfen?

Ein großer Wert, aber auch ein schwieriges Problem ist die Erziehung in der Familie. Die Eltern fragen oft: Die Kinder erziehen? Ja, aber wie? Autoritäre Erziehung? Eine solche, die den Kindern alles durchgehen läßt? Oder eine, die auf die jeweilige Fassungskraft des Kindes Rücksicht nimmt?
Wie ich höre, gibt es in manchen Familien immer noch die autoritäre Methode der Erziehung mit dem Stock. Die Eltern rechtfertigen das so: „Unsere Kinder sind zwar sehr lieb, aber sie haben eben ihre Flausen und werden leicht zu kleinen Tyrannen, wenn wir nicht achtgeben. Manch-

mal zum Beispiel weinen oder schreien sie nur, um etwas Bestimmtes zu erreichen, um liebkost zu werden. Wenn sicher feststeht, daß dies der eigentliche Grund des Weinens ist, lassen wir sie einfach weiter schreien, bis sie müde werden. Oder ein anderer Fall: Ein Kind gibt sich viel schwächer und hilfloser, als es in Wirklichkeit ist, damit ihm Beistand und Hilfe gewährt werden. Wenn es tatsächlich so ist, dann leiten wir es dazu an, es doch einmal selbst und ganz allein zu versuchen, ohne unsere Hilfe. Wenn nötig, greifen wir auch zu Strafen. Sonst besteht die Gefahr, daß das Kind ein Faulpelz wird, ein unselbständiger Schwächling, der schon bei den kleinsten Schwierigkeiten das Handtuch wirft und sich lieber von einem anderen, der an seiner Stelle denkt oder entscheidet, lenken und leiten läßt." Diese Methode hat aber auch ihre Haken: Erstens zeugt sie von einem allzu großen Mißtrauen gegenüber den Kindern, und vor allem besteht die Gefahr, daß es zu seelischen Schädigungen der Kinder kommt, wenn sie dieses Mißtrauen bemerken. Die antiken Maler stellten eine der sieben Freien Künste, die Grammatik, als eine Frau dar, die eine Gruppe von Kindern dadurch in ihren Bann zieht, daß sie ihnen eine köstliche Feige zeigt, ihnen gleichzeitig aber auch mit der Rute droht. Das schien eine richtige und ausgewogene Methode zu sein: Doch diese ständig erhobene Rute führte dazu, daß die Kinder schließlich ganz auf die Feige vergaßen.

Benjamin Spock, der amerikanische Psychologe und Pädagoge, schlug statt dessen eine andere Methode vor, die darauf beruht, daß man weitestgehend alles zuläßt. Im Jahre 1946 erschien sein Buch über Säuglings- und Kinderpflege, damals ein Bestseller sowohl in Amerika wie in Europa. „Das Kind" – sagt Spock – „lernt zu leben einfach durch das Leben selbst: Laßt ihm freie Hand, es soll seine eigenen Erfahrungen machen! Es wird dann ganz von selbst den Dingen auf den Grund kommen. Befreit es von der Angst, zwingt ihm nicht eine Unmenge von Verhaltensregeln auf! Wenn es heute von selbst entdeckt, was recht ist, dann wird es morgen ganz spontan für Recht und Gerechtigkeit eintreten."

Die Auswirkungen dieser „Pädagogik" erweisen sich indes als verheerend. Spock selbst erklärte nach mehr als zwanzig Jahren: „Ich bin mißverstanden worden. Es ist für die Kinder auf alle Fälle notwendig, daß sie sich angenommen und geliebt fühlen, aber mehr noch, daß sie sich von der Autorität der Eltern geführt und gelenkt wissen. Disziplin ist für sie besser, als wenn ihnen alles erlaubt wird. Ihnen alles in den Schoß zu legen oder leicht zu machen ist kontraproduktiv. Die Zurechtweisung und die Strafe können für die Entwicklung des Kindes sehr hilfreich sein."

Einer Erziehung, die auf das jeweilige Fassungsvermögen des Kindes abgestimmt ist, die also einen Mittelweg zwischen autoritärer und permissiver Erziehung darstellt, scheint man den Vorzug geben zu müssen. Die Kinder sind wie die Blätter eines Baumes: alle einander ähnlich, aber keines dem anderen völlig gleich. Allmählich erst, eines nach dem anderen, lernt man sie kennen und verstehen. „Ja, du bist wie ein blühender Pfirsichbaum" – sagt man zu ihnen –, „aber einige kleine Würmer nagen doch an deinen Wurzeln. Ich möchte dir helfen, sie zu vernichten. Gerade weil ich soviel Vertrauen zu dir habe, erwarte ich von dir eine neue, einwandfreie und richtige Handlungsweise."

Nicht nur zu ihren Kindern, auch zu sich selbst müssen die Eltern Vertrauen haben, zu ihren eigenen Erfahrungen als Eltern, zu ihrem guten Gespür und ihrer Einsicht, die Gott den Vätern und Müttern guten Willens nicht vorenthält. Ich habe Eltern getroffen, die ganz hingerissen waren von den zahlreichen Artikeln, Untersuchungen und Ratschlägen von Psychologen und Zeitschriften und die sich ganz auf diese vermeintliche Wissenschaft stürzten, doch schlußendlich wurden aus ihnen nur „chronisch Verunsicherte", von der ständigen Angst geplagt, in der Erziehung ihrer Kinder womöglich irgend etwas falsch zu machen.

Erziehung – ein Werk der Liebe

Es mag seltsam erscheinen, aber es ist so, daß die Erziehung der Kinder damit beginnt, daß die Eltern sich gegenseitig gern haben. Wenn das Kind merkt, daß sich seine Eltern nicht oder nur wenig lieben, fühlt es sich unsicher, orientierungslos, mit seinen Problemen alleingelassen. Kinderärzte sagen, daß Kleinkinder schon in den ersten Monaten mit äußerst feinen Antennen ausgestattet sind, mit denen sie die psychischen Störungen ihrer Mutter wahrnehmen.

Sie befindet sich in einem nervösen Zustand, weil sie von ihrem Mann vernachlässigt wird und weil sie in Auseinandersetzungen mit ihm verstrickt ist?

Der Säugling verrät es, und er verrät es sofort: Er nimmt weniger Nahrung auf, manchmal behält er sie nicht bei sich, er wird unruhig, irritiert. In der Kinderheilkunde sind die schwierigsten Fälle oft nicht auf organische Defekte des Kindes zurückzuführen, sondern auf den ständig bekümmerten Gemütszustand der Mutter.

Wenn aber das Kind beobachtet, wie seine Eltern liebevoll miteinander umgehen, dann fühlt und weiß es sich geborgen – ohne darüber nachzudenken; es ist fröhlich und aufnahmebereit für eine gute Erziehung.

Verständige Eltern wissen das, und sollte ihr Kind einmal zufällig Zeuge einer momentanen Verstimmung sein, so bemühen sie sich, es in ihre liebevolle Versöhnung mit einzubeziehen, um die in seiner Seele verursachte Erschütterung wieder gutzumachen!

Die Liebe zum Kind, so heißt es, beeinflußt die Erziehung bis ins nahende Erwachsenenalter. „Was für ein Vater wird er meinen Kindern sein?", müßte sich die zukünftige Braut fragen. Und der künftige Ehemann: „Was für eine Mutter wird sie sein?" Simone Weil hat einmal gesagt: „In mir gibt es nichts, was seinen Ursprung nicht in der Begegnung zwischen meinem Vater und meiner Mutter hätte!"

Nicht wie Miss Trotwood!

Miss Betsy Trotwood, die Tante von David Copperfield, war sich absolut sicher, daß ihre junge Schwägerin ein Mädchen zur Welt bringen würde. In ihrer galoppierenden Phantasie sah sie sich schon als Patentante des Mädchens dessen künftiges Schicksal mitbestimmen. Voller Unruhe wartete sie während der Entbindung im Aufenthaltsraum im Erdgeschoß. Da trat der Arzt aus dem Zimmer der Wöchnerin, treuherzig und vergnügt verkündete er: „Es ist ein Junge!" Miss Betsy sagte kein Wort, sie packte ihren Hut an den langen Bändern, und einer Schleuder gleich schlug sie damit dem Arzt auf den Kopf, um ihn für die wenig erfreuliche Nachricht zu bestrafen. Sie setzte sich den lädierten Hut wieder auf und verließ wütend das Haus, ohne sich noch einmal sehen zu lassen. So sollten Eltern nicht reagieren, wenn die Geburt ihres Kindes – aus welchem Grund auch immer – eine Enttäuschung für sie darstellt! Niemals sollte das Kind im Laufe seines Lebens das Gefühl haben, unerwünscht gewesen zu sein: Das könnte in ihm einen Komplex erzeugen, nicht gewollt zu sein und abgelehnt zu werden.

Das Steinchen im Schuh

Aber wenn es geliebt wird und wenn es sich geliebt fühlt, kann das kleine Kind viel leichter lernen, andere Menschen zu lieben und mit dem Nächsten freundschaftliche und vertrauensvolle Beziehungen einzugehen. Wenn es in seinen kleinen Mißgeschicken Papa und Mama ganz in seiner Nähe weiß, dann kann dies das Kind dazu anleiten und ihm dabei helfen, gelassen auf die Enttäuschungen des Lebens zu reagieren. Verstehen wir uns richtig: ihm nahe sein nicht mit einer Liebe, die immer und einzig Mitleid herausfordert und alles an den Kindern gutheißt und verteidigt, sondern mit einer Liebe, die zu Duldsamkeit und Toleranz erzieht.

Da gibt es zum Beispiel eine Geschichte von Maria Bargoni: „Ein dreijähriges Kind weinte einmal ganz verzweifelt und deutete unentwegt auf eines seiner Füßchen hin. Das Kindermädchen nahm es auf den Arm, zog ihm den Schuh aus und fand darin ein kleines Steinchen. ‚Ah‘, rief da das Kindermädchen aus. ‚Siehst du? Das ist der Bösewicht, der dir so wehgetan hat! Böser Stein! Wir werfen ihn einfach weg!‘

In diesem Augenblick kam die Mutter hinzu, die das Schreien gehört hatte, und sagte zum Kindermädchen: ‚Zieh Nino den Schuh mit dem Steinchen sofort wieder an! Ich meine das ganz im Ernst: Tu, was ich dir sage!‘ Und das Mädchen gehorchte.

Die Mutter ging dann an das andere Ende des Zimmers, drehte sich um, kniete nieder, breitete die Arme aus, und mit einem liebevollen Lächeln rief sie ihr Kind aufmunternd zu sich: ‚Du hast mich doch so lieb, komm in meine Arme, ohne zu weinen, mit dem Steinchen im Schuh!‘

Und der Kleine kam tatsächlich, ohne zu weinen, ein wenig humpelnd zwar, in die Arme der Mutter, die ihm etwas ins Ohr flüsterte, was er damals noch nicht verstand, was sie ihm aber in späteren Jahren oft wiederholte: ‚Du mußt es immer so machen wie gerade jetzt. Geh deinen Weg, ungeachtet aller Hindernisse und Schmerzen, die es in deinem Leben immer geben wird. Denk an die Worte deiner Mutter: Ins Himmelreich kommt man nicht ohne ein Steinchen im Schuh!‘“

Mitreißen!

Ein letztes Wort noch. Die Erziehung ist auch eine Sache des Beispiels: Sie erschöpft sich nicht darin, die Kinder vorwärts zu treiben, Erziehung bedeutet, sie liebevoll an die Hand zu nehmen und sie mitzureißen. „Pierino, geh beichten!“, sagt der Vater und erzielt dabei einen gewissen Eindruck. Wenn er hingegen sagt: „Pierino, laß uns zusammen zur Beichte gehen!“, dann ist das bei weitem eindrucksvoller! In den vergangenen Tagen habe ich die *Briefe an die Familienangehörigen* von Papst Johannes gelesen und unmittelbar danach im *Corriere della Sera* den diesbezüglichen Artikel von Carlo Bo. Den folgenden Abschnitt dieses Artikels unterschreibe ich voll und ganz:

„Der Hintergrund (von Papst Johannes) bleibt der seiner ersten Lebensjahre und der religiösen Erziehung, die ihm in der Familie zuteil wurde. Man könnte sagen, daß er die wenigen Dinge, an die Johannes XXIII. glaubte, im Schoß der Familie zu befolgen und zu respektieren gelernt hatte. Sein langer und tapferer Einsatz als Priester hätte ihm nichts wirklich Wesentliches mehr zu dem hinzugeben können, was er schon aus den Worten und dem Vorbild seiner Eltern gelernt hatte."

Und was für ein Vorbild er gehabt hatte, das versteht man aus dem, was Roncalli 1939 aus Konstantinopel zum Tod seiner Mutter schrieb: „In Gedanken zurückkehren, sich erinnern, was Mamma Marianna für die Roncallis gewesen ist: was für eine Gewissenhaftigkeit, welch ein Glaube, was für eine aufrechte und heiligmäßige Liebe zu ihrer Familie, welcher Geist der Frömmigkeit, der Großherzigkeit, welch heitere Seelentiefe, in allem dem Herrn zugeneigt, ach, das ist wirklich bewegend. Und was für ein Herz, was für ein Herz hatte sie für alle, die Ärmste! Schluß damit. Gemeinsam mit euch denke ich an sie und weine, aber gleichzeitig empfinde ich eine Zärtlichkeit und eine Milde, die mir das sicherste Zeichen dafür zu sein scheinen, daß sie sich schon inmitten der himmlischen Heerscharen befindet ..."

Auf Einladung meines Bruders, die er von Mal zu Mal erneuert hat, bin ich der „Täufer" seiner zehn Kinder gewesen. Das letzte wurde von der eigenen knapp 15jährigen Schwester über das Taufbecken gehalten. „So eine junge Taufpatin! Warum das?", habe ich nach der Zeremonie die Eltern gefragt. „Weil wir ihr helfen wollten", erklärten sie mir. „Sie ist ein gutes Mädchen, aber sie neigt zum Pessimismus, hat wenig Selbstvertrauen und die fast schon krankhafte Angst, daß zu Hause niemand mit ihr zufrieden ist. Da haben wir ihr vor drei Monaten gesagt: In Kürze wird dir ein Brüderchen oder ein Schwesterchen geboren werden. Wir haben Vertrauen zu dir. Machst du uns die Ehre und trägst es zur Taufe und hilfst uns, es zu erziehen?"

Drei Jahre sind seitdem vergangen, und ich hatte die Sache fast vergessen. Vorgestern nun traf ich meine Nichte, und es kam mir so in den Sinn, sie zu fragen: „Und wie geht es deinem berühmten Patensohn?" – „Es ist ein Kreuz mit ihm", antwortete sie und strahlte über das ganze Gesicht. „Zu Hause ist keiner imstande, ihn mir vom Leib zu halten. Wenn ich ihn abends zum Schlafen in sein Zimmer bringe, läßt er mich nicht gehen. Immer wieder bittet er: Noch eine Geschichte, noch eine Geschichte!"

Man verzeihe mir den Ausflug in die Familiengeschichte: Ich wollte damit nur unterstreichen, wie eine gegenseitige Erziehung funktionieren kann: Eine Schwester erzieht sich selbst, indem sie die Aufgabe der Taufpatin oder einer Erziehungshilfe übernimmt und sich dadurch mit einer Vertrauensstellung bekleidet fühlt; ein Brüderchen erfährt in der Obhut der Schwester eine Art Erziehungsergänzung. Das ist einer von tausend möglichen Wegen, wenn auch ein wenig künstlich herbeigeführt.

Wenn man zu fünft ist ...

Aber es gibt auch spontane Fälle: Wenn fünf Geschwister da sind, wird der von der Mutter gebackene Kuchen in fünf Portionen geteilt, und ein jeder lernt, daß er nicht allein da ist und er den anderen auch ein wenig Platz einräumen muß. Wenn eines der Geschwister mit Mandelentzündung im Bett liegt, sehen die anderen, daß sich alle im Haus um den Kranken sorgen, und sie erfahren, daß sie aus sich nicht den Mittelpunkt der Welt und der Familie machen können und auch, daß sie nicht verlangen können, daß alle vor ihrer Nasenspitze auf die Knie fallen. Vielmehr werden sie dazu angeregt, sich selbstlos von der Welle der Sympathie und der Liebe, die in diesen Tagen dem kleinen Patienten entgegengebracht wird, mitreißen zu lassen. Die Eltern können sich so in aller Umsicht des einen Kindes bedienen, um das andere anzuleiten.

Wenn Fränzchen die kleine Schwester zum Weinen bringt, weil er ihr die Puppe aus den Händen reißen will, soll sich der Vater nicht damit begnügen, bloß kurz von der Zeitung aufzuschauen und trocken zu bemerken: „Laß deine Schwester in Ruhe, oder es setzt was!" Statt dessen sollte er die Zeitung beiseite legen, seinen Sohn zu sich rufen und ihm sagen: „Franz, du weißt, daß der liebe Gott dich liebt. Aber er liebt auch deine Schwester. Wenn du sie zum Weinen bringst, sagst du damit dem lieben Gott, daß du ihn nicht mehr lieb hast!" Im Moment wird das wahrscheinlich keinen großen Eindruck machen, aber zum x-ten Mal wiederholt wird es am Ende doch seine erzieherische Wirkung nicht verfehlen.

Offenbar wird hier zugrunde gelegt, daß es sich nicht nur um insgesamt ein oder zwei Kinder handelt und daß der von Papst Johannes in seinen *Briefen an die Familienangehörigen* öfters wiederholte Satz stimmt: „Der Herr segne die großen Kochtöpfe!", was heißen soll: die kinderreichen Familien.

Gegenseitige Unterstützung

Auch die Eltern erziehen sich gegenseitig, Sie gelangen, so sagt das Konzil, „mehr und mehr zur gegenseitigen Heiligung und so gemeinsam zur Verherrlichung Gottes" (*Gaudium et spes*, Nr. 48). Denn gemeinsam sitzen sie auf immer in einem Boot, gemeinsam heiligen und erheben sie sich. Mit ihrer Geduld und Sanftmut hat Monika ihren Mann Patrizius zu Gott geführt. Mit ihrer aufrichtigen Frömmigkeit und ihrer tüchtigen Art, dem Haushalt vorzustehen, hat Margarete von Schottland den König Malcolm überzeugt, der, obwohl vollkommen ungebildet, das Gebetbuch der Königin küßte und sagte: „Daraus lernt meine Frau die Kunst des Regierens, daraus schöpft sie Weisheit und Kraft."

König Ludwig von Frankreich seinerseits versuchte, seine Frau Margareta auf sein geistiges Niveau zu heben, auch wenn diese in Wirklichkeit nur mühsam mit ihm Schritt halten konnte. Die Sache schien indes nicht sonderlich gut zu funktionieren. Dann starb die Frau, und der Pfarrer kam, um ihm Trost zu spenden. „Nur Mut", sagte er zu dem jungen Witwer, „der Herr hat sie zu sich genommen!" – „Ja", antwortete der Mann zerstreut, „auch der Herr wird schließlich merken, was für eine Frau er sich da genommen hat!"

Eltern verwandeln sich in ...

Kommen wir nun zu den Kindern, die in gewisser Weise zu Erziehern ihrer eigenen Eltern werden können.

Kaum gibt der Nachwuchs die ersten Zeichen seiner Existenz von sich, schon gewinnen Vater und Mutter eine geänderte Lebenseinstellung, indem sie einen neuen Aspekt, einen neuen Rhythmus ihrer gegenseitigen Liebe erfahren.

Ein Psychologe schreibt: Von diesem Augenblick an „ist der zukünftige Vater nicht mehr der Ehemann von gestern. Seine Liebe wird durch zartfühlende und empfindsame Nuancen bereichert. Er wird zum gefügigen Diener eines geheimnisvollen Werkes. Er lernt neue Reaktionen; in dem Kind, das im Begriff steht, zur Welt zu kommen, sieht er sich selber. An der Seite seiner Frau entdeckt er seine Aufgabe als Erzieher. Die junge Mutter hat das Gefühl, ein zweites Leben zu erleben. Das Kind ist ihr Gesetz, der Gegenstand ihrer Gespräche, ihre manchmal unbewußte, aber im geheimen immer vorhandene tägliche Sorge" (A. Merlaud). Ist das Baby dann geboren, fließt die Liebe der Eheleute ein in den Strom der großen Verwandlungen.

Bisher behandelten sie sich in gewisser Weise auf gleicher Ebene. Sind sie Vater und Mutter geworden, spielen sie mehrere Rollen gleichzeitig: Die Ehefrau entwickelt fast mütterliche Gefühle ihrem Mann gegenüber, und dieser wird gelegentlich gegenüber der Mutter seines Sohnes geradezu zum Kind.

Neben diesen neuen Verhaltensweisen erzieht das Kind seine Eltern auch zu einer tieferen ehelichen Gemeinschaft. Es ist da: lebendiges Band zwischen den beiden. In seinem Antlitz spiegeln sich ihre Gesichtszüge, ihre vereinten Seelen: unmöglich, das eine vom anderen zu trennen.

... die Heiligen Drei Könige

Jede Wiege, schrieb Péguy, ist das Zusammentreffen der Heiligen Drei Könige, auch die Wiege des eigenen Kindes. Die Könige sind sie selber, die beiden Eheleute, die zu Füßen der Wiege jeden Tag ihre Gaben niederlegen: Entbehrungen, Sehnsüchte, durchwachte Stunden, Trennungen. Im Gegenzug empfangen sie andere Gaben: neue Anstöße, zu leben und sich zu heiligen, eine im Opfer geläuterte Freude, erneuerte gegenseitige Zuwendung, eine intensivere Seelengemeinschaft.

Vielleicht war der Vater gebieterisch und oberflächlich. „Papa", sagt der Sohn zu ihm, „öffne die Tür bitte nicht mehr so ruckartig, dahinter könnte ein kleines Kind sein, das gerade spielt; mäßige bitte deine Gesten, halte ein in vielen deiner Leidenschaften, sag nicht mehr im Ton absoluter Sicherheit: Eines Tages werde ich dieses oder jenes machen!" Hat man nicht Sokrates mit seinen Söhnen spielen sehen? Ist nicht Agesilaos dabei angetroffen worden, wie er – wie sein kleiner Sohn – auf einem Stock ritt? Kenne ich nicht selber Väter, die angesichts der kristallenen Unschuld ihrer kleinen Tochter aufgehört haben zu fluchen? „Ich darf den Zauber einer solchen Unschuld nicht trüben!", haben sie sich gesagt. Kurz und gut, es geschieht das, was ich an anderer Stelle schon einmal geschrieben habe: „Oft sind es die Küken, welche die Gänse das Trinken lehren!"

Zwei Eltern betreten ein Spielzeuggeschäft und sehen sich die in den Regalen ausgestellten Waren an. Da gab es Puppen, die lachen und weinen konnten, elektronisches Spielzeug, Miniaturküchen etc. Sie konnten sich nicht entscheiden, was für ein Spielzeug sie kaufen sollten. Die Mutter erklärte der Verkäuferin: „Unsere Tochter ist noch sehr klein, aber wir sind den ganzen Tag und oft auch abends nicht zu Hause."
Der Vater ergänzte: „Unsere Kleine lächelt auch wenig, und wir würden ihr gerne etwas kaufen, worüber sie sich freuen kann und das sie froh macht, auch wenn wir nicht zu Hause sind ... Wir möchten, daß sie glücklich ist, auch wenn sie allein ist."
Die Verkäuferin antwortete: „Es tut mir leid, aber wir verkaufen keine Eltern!"

In Amerika wurde folgendes Experiment durchgeführt: Sechs neugeborene Säuglinge wurden, was die äußerlichen Bedingungen angeht, hervorragend versorgt: Die Windeln wurden regelmäßig gewechselt, die Nahrung war optimal, das Bettchen weich ..., aber es gab keine Zeichen der Zuwendung und Zärtlichkeit.
In einem anderen Raum wurden ebenfalls sechs Neugeborene untergebracht und auf die gleiche Weise versorgt wie die anderen, jedoch mit vielen Liebkosungen, sie wurden liebevoll gestreichelt und immer wieder geküßt. Nach einigen Tagen erkrankten alle Kinder der ersten Gruppe: Sie wollten nicht mehr essen und fielen in einen Zustand der Depression. Die der zweiten Gruppe jedoch,

die, die mit viel Liebe behandelt wurden, waren gesund, munter und glücklich.

Jeder Mensch hat das Bedürfnis, in einer fröhlichen Umwelt zu leben und von Zuneigung und Wärme umgeben zu sein.

Ein kleines Mädchen fragte seine Mutter:
– Mama, warum willst du nicht mit mir spielen?
– Weil ich keine Zeit habe!
– Und warum hast du keine Zeit?
– Weil ich arbeite!
– Und warum arbeitest du?
– Weil ich Geld verdienen muß!
– Und warum mußt du Geld verdienen?
– Um dir etwas zu essen kaufen zu können.
– Aber, Mama, ich habe gar keinen Hunger!

An der Straßenbahnhaltestelle gab eine Mutter ihrem Sohn etwas zu naschen. Er nam es, packte es aus und warf das Papier auf die Erde. Genau daneben stand ein Papierkorb.

Ein Passant sagte zu dem Jungen:

– Warum hast du das Papier nicht in den Papierkorb geworfen?

Die Mutter schaltete sich erbost ein:

– Was geht Sie das an? Mein Sohn macht, was er will!
– Na gut, antwortete der andere. Hoffen wir nur, daß Ihr Sohn mit zwanzig sich nicht dazu entschließt, Sie ebenfalls auf die Erde zu werfen!

Der Fernseher – fast ein Familienmitglied

Ein Fernseher ist ins Haus gekommen? Nicht irgendein beliebiges Möbelstück ist gekommen, sondern fast so etwas wie ein neues Familienmitglied, das der Familie nachdrücklich seinen Stempel aufdrücken wird. Es beeinflußt den Ablauf des Lebens, die Gewohnheiten, die Zeiteinteilung, die Möglichkeiten des Zusammenseins, des Miteinandersprechens, des Sich-Vergnügens, des Bildungszuwachses.

Früher gingen der Mann und die größeren Kinder abends häufig aus, der eine hierhin, der andere dorthin. Heute, mit dem Fernseher zu Hause, passiert das weniger oft: Man bleibt daheim, weil man das Fußballspiel sehen will, die Nachrichten, den Spielfilm. Das ist durchaus vorteilhaft für das, was man als „gemeinsames Familienleben" bezeichnet, für die Herausbildung eines wärmeren Gefühlsklimas in der Familie, um zu verhindern, daß die eigenen vier Wände zu einer Art Gasthaus werden oder dies bleiben, wo man sich nur einfindet, um zu essen und zu schlafen.

Einige Anmerkungen sind aber dennoch notwendig, damit man sagen kann, daß der Fernseher wirklich beinahe den Kamin in der Familie ersetzt, um den herum sich alle versammeln, um sich an seinem heiteren und knisternden Feuer zu ergötzen.

Die jungen Leute zum Beispiel haben die audiovisuellen Medien gewissermaßen schon im Blut, sie verstehen ihre Sprache fast instinktiv, unverzüglich und es macht ihnen großen Spaß. Für die Älteren sieht die Sache hingegen anders aus. Die Eltern sollten also versuchen, nicht zurückzustehen. Sie müssen vielmehr danach trachten, in der Lage zu sein, die Technik zu verstehen und sie zu bedienen. Und sie sollten sich davor hüten zu sagen: „Das sind Dinge für die jungen Leute, also überlassen wir sie ihnen!" Sie würden sich damit selber wirksamer Erziehungsmittel berauben und sich von der Möglichkeit ausschließen, wichtige Facetten des Lebens ihrer Kinder zu verstehen und Einfluß auf sie auszuüben.

Außerdem müssen sie sich noch vor folgendem Phänomen in acht nehmen: Wenn sie mit den Kindern gemeinsam dieselben Sendungen anschauen, kann das zu einer niveaumäßigen Nivellierung führen. Daraus wird sich dann ein Prestigeverlust der Eltern ergeben, wenn diese nicht in der Lage sind, mit ihren Kindern am Ende der Sendung über das Gesehene einen Gedankenaustausch zu pflegen und etwas Vernünftiges darüber zu sagen, etwas, was die Kinder schätzen können und was ihnen den Eindruck vermittelt, daß die von ihnen so heiß geliebte Fernsehsprache ein Bestandteil des Familienlebens ist.

Umgekehrt werden die Kinder (kleinere Kinder, Heranwachsende und Jugendliche) Schaden davontragen, wenn sie nicht schrittweise dazu angehalten werden, ernsthaft über das Gesehene nachzudenken, sich in eine kritische Position zu versetzen, damit sie nicht passiv das, was sie sehen und hören, konsumieren, damit sie keine „Allesschlucker" werden, damit ihre Köpfe nicht von den „geheimen Verführern", die hinter dem Fernsehen stecken, „vollgestopft" werden!

Dritte Anmerkung: Es liegt auf der Hand, daß unsere Jugendlichen dazu neigen, gewisse wenig empfehlenswerte Kleidermoden und Verhaltensweisen, die sie im Fernsehen mitbekommen, nachzuahmen, ohne großes Aufheben davon zu machen und ohne schlechte oder schuldhafte Absichten zu verfolgen, so als wären sie beinahe gegen das Böse immunisiert oder geimpft. Man muß sich aber vergegenwärtigen, daß das die Eltern nicht von der Verpflichtung entbindet, bei den Kindern gelegentlich einzuschreiten, um so manches zurechtzubiegen oder zu begradigen. Wichtig ist dabei aber die Art des Einschreitens: ohne drastische und unpassende Verurteilungen (die ohnehin nicht verstanden würden), sondern mit Bedacht, unter Abwägung aller Für und Wider und mittels Überzeugung.

Aber was soll man unter den Fernsehprogrammen auswählen? Und wann? Und für wie lange? Und wie soll man auswählen?

Für das „Was" geben die katholischen Zeitungen eine gewisse Hilfe, indem sie die Qualität der Sendungen einstufen: Nur für Erwachsene oder für alle; moralisch oder unmoralisch; trivial oder informativ. Sich informieren (nicht einfach nur das auswählen, was man nicht kennt!), sich ein tragfähiges Urteil bilden („In meiner Situation kann ich mir das ansehen, das andere aber nicht") und dann diesem Urteil, d. h. dem eigenen Gewissen, folgen – das ist die Pflicht eines jeden Katholiken. Auch die Jugendlichen sollten jedesmal dazu aufgerufen werden, sich zu informieren und dann den gesunden, redlichen persönlichen Überzeugungen zu folgen.

Wann? Normalerweise nicht während der Mahlzeiten. Die Jugendlichen nicht während der Stunden, die sie zum Lernen und zur Bewegung an der frischen Luft nutzen sollen. Kinder nicht spät abends, denn sie brauchen einen ruhigen und langen Schlaf. Natürlich sind Ausnahmen in bestimmten Sonderfällen möglich und ratsam.

Es gibt Mütter, besonders wenn sie ein Übermaß an Mühen und Sorgen zu tragen haben, die versucht sind, abends ihre Kinder zu nehmen und sie stundenlang vor das Video zu setzen, um so ein bißchen Ruhe zu haben. Das ist eine Versuchung, der man so wenig als möglich nachgeben sollte. Das, was sie heute gewinnen, verlieren sie morgen durch die Unruhe, den aufgewühlten Schlaf, die Nervosität ihrer Kinder (was sich manchmal auch in einer Neurose oder einer Psychose fortsetzt). Und ohne die moralischen Schäden aufzählen zu wollen: die Kleinen lassen sich vom Bösen beeindrucken, sie sind wie Wachs und nicht hart wie Stahlplatten!

Wie auswählen? Sich ein wenig dem Geschmack der anderen anpassen, ohne die Forderung, seine eigenen Vorlieben immer durchsetzen zu müssen. Darauf achten, daß die audiovisuellen Medien nicht das Familiengebet aus dem Haus jagen. Sich daran erinnern – schließlich sind wir Christen! –, daß wir uns auch auf diesem Feld ab und

zu eine, wenn auch noch so geringe Selbstabtötung auf-
erlegen, die den Fernseher dazu zwingt, unser guter Diener zu sein und nicht unser schlechter Herr!

Diesen letzten Rat gibt uns die Enzyklika *Miranda prorsus*
von Papst Pius XII.: „... der pädagogische Verstand wird oft
von den Eltern fordern, durch persönliche Opfer im Ver-
zicht auf bestimmte Programme ein gutes Beispiel zu
gebn. Ist es aber wirklich zuviel verlangt, von den Eltern
ein Opfer zu fordern, wenn das Wohl der Kinder auf dem
Spiel steht?"

Sexualerziehung

In seinen „Gedanken über die Familie", die Luciani als Bischof von Vittorio Veneto in der Wochenzeitung „L'Azione" veröffentlicht, kommt er in der Ausgabe vom 9. März 1969 auch auf die Sexualerziehung in der Familie zu sprechen. Er schreibt den Angehörigen seiner Diözese:

Ich möchte, daß ihr die folgenden Aussagen des Konzils kennenlernt:

1. „Nach den jeweiligen Altersstufen sollen sie (die Kinder und Jugendlichen) durch eine positive und kluge Sexualerziehung unterwiesen werden" (*Gravissimum educationis,* Erklärung über die christliche Erziehung, Nr. 1).

2. „Jugendliche sollen über die Würde, die Aufgaben und den Vollzug der ehelichen Liebe am besten im Kreis der Familie selbst rechtzeitig in geeigneter Weise unterrichtet werden, damit sie, an keusche Zucht gewöhnt, im entsprechenden Alter nach einer sauberen Brautzeit in die Ehe eintreten können" (*Gaudium et spes,* Nr. 49).

3. „Es ist Aufgabe der Eltern oder Erzieher, die jungen Menschen bei der Gründung einer Familie mit klugem Rat, den sie gern hören sollen, anzuleiten" (*Gaudium et spes,* Nr. 52).

Die Aussagen des Konzils sind gut und mit Bedacht gewählt. Ich hoffe, nicht zu weit zu gehen, wenn ich eine kleine Anmerkung vornehme.

Kümmern wir uns um den religiösen Rahmen!
Die erste der genannten Aussagen kann nicht von der zweiten getrennt werden. Das heißt, man sollte mit seinen Kindern nicht über die menschliche Sexualität, über ihre Ausdrucksformen und über die mit ihr verbundenen Probleme sprechen, ohne zu sagen, daß sich die Liebe der Eltern in der Sexualität vervollkommnet und daß diese Ausdruck und gewissermaßen Verlängerung der Liebe Gottes ist, der alles geschaffen und wohl geordnet hat. Das

verhilft dazu, das Gespräch von der technisch-biologischen auf eine geistige Ebene zu heben und dem Gespräch selber einen ruhig-abgeklärten religiösen Rahmen zu geben.

Schritt für Schritt, aber aufrichtig und wahrhaftig!
Das Konzil spricht von einer „klugen", also abgestuften, dem Alter angemessenen Erziehung, die aber offen und aufrichtig sein muß. Es kann sein, daß der kleine Sohn oder die kleine Tochter schon in den ersten Lebensjahren fragt: „Wo kommen denn die Babys her?" Dann antworte man soweit, wie es nötig ist, ohne alles auf einmal zu sagen, aber mit Natürlichkeit, ohne auszuweichen und ohne im Ungewissen zu verbleiben, ohne geheimnisvolle oder enthusiastische Töne anzuschlagen. Auf neue Fragen gebe man weitergehende aufrichtige Antworten, ohne sich wegen der Neugier des Nachwuchses Sorgen zu machen, denn die ist nur ein Zeichen des natürlichen Reifens. Das setzt jedoch voraus, daß Vater und Mutter ab und zu mit ihren Kindern sprechen, daß sie sich für ihre Gedanken interessieren, daß sie ihnen helfen wollen, vertrauensvoll auch Fragen über noch so delikate Dinge zu stellen.
Es ist nicht sinnvoll, das Gespräch auf derbe Art, nervös und hastig zu eröffnen. Vielmehr ist ein ausgeglichen-heiterer Gesprächsbeginn ratsam, der sich je nach der sich bietenden Gelegenheit weiter und weiter entwickeln kann. Ein Vater, der noch nie fünf Minuten lang mit seinem kleinen Sohn vertrauensvoll gesprochen hat, wird mit Sicherheit nicht den richtigen Ton treffen und die beste Methode wählen, wenn er ihn eines schönen Tages am Arm packt und zu ihm sagt: „Komm her, ich muß dir etwas Wichtiges sagen!"

Wiegen wir uns nicht in glückseliger Naivität!
Eine in der Diözese erhobene Umfrage besagt, daß nur wenige Eltern ihrer Pflicht nachkommen, rechtzeitig und unverhüllt mit ihren Kindern über diese Dinge zu reden.

Die Gründe? „Meine Kinder denken nicht an so etwas!"
Das sagen Sie, gnädige Frau, in Wahrheit interessieren
sich alle Kinder und Jugendlichen mit größter Neugier für
alles, was mit der Sexualität zusammenhängt. Das war
schon immer so (und es würde schon genügen, daran zu
denken, wie wir selber als Kinder und Jugendliche gewesen sind) und ist heute in besonderem Maße der Fall, wo
die jungen Menschen von tausenderlei Verführungen
,bombardiert' werden. Denken Sie nur an die Werbung
(Fernsehen, Zeitungen, Werbeplakate), die den verschie-
densten Produkten mit immer den gleichen Anreizen den
Weg bahnt, mit der Nacktheit der Frau, der Zweideutig-
keit, der pikanten Anspielung. Denken Sie an die Zeitschriften und Illustrierten, die sich unverhüllt und skru-
pellos über die delikatesten Probleme auslassen. Denken
Sie an die übersteigerte Erotik der Romane, an die ver-
breitete Promiskuität unserer Tage, die in der Öffentlichkeit Vertrautheiten und Zärtlichkeiten gestattet, die
eigentlich zu tadeln und zu verwerfen wären, die aber im
Gegenteil fast kein Mensch mehr mißbilligt.

Für eine größere Gelassenheit
„Ich fürchte, mein Sohn kommt auf dumme Gedanken,
wenn ich mit ihm darüber rede!"
Aber gnädige Frau, gerade damit Ihr Sohn die Angelegen-
heit natürlichen und gelassenen Sinnes betrachten kann,
gerade deshalb müssen Sie mit ihm darüber reden. Von
Ihnen oder von seinem Vater erfährt er es nicht? Dann
wird er es von nicht gerade empfehlenswerten Kameraden erfahren. Er hört bestimmte Anspielungen und wird
sich denken: „Diese geheimnisvollen Dinge müssen ja
wirklich sehr, sehr interessant sein! Die anderen wissen
darüber Bescheid, ich weiß nichts davon!" Er wird sich
minderwertig fühlen, beschämt, und nur um mehr darüber zu erfahren, wird er sich Eingeweihteren anvertrau-
en, begierig wird er sich auf die Suche in Wörterbüchern
und Lexika machen; er wird aber nur bruchstückhaft
etwas erfahren, er bleibt unsicher und voller Verlangen.

Und weil er es nicht wagt, sich vertrauensvoll mitzuteilen, wird er das, was doch nur reine Neugier oder schlicht mangelnde Selbstbeherrschung ist, für ein schwerwiegendes Übel halten. Es kann aber auch sein, daß sich jemand obskure Verhaltensweisen angewöhnt, indem er heuchlerisch den Unschuldigen spielt.

Wenn es Autofahrer wären

Verstehen wir uns richtig: Es ist nicht so, daß die Kinder schon allein dadurch gegen das Böse immun würden, daß die Eltern rechtzeitig klar und deutlich mit ihnen sprechen. Die Eltern geben nur eine Hilfestellung. Sie vor dem Übel bewahren und sie dagegen immun machen, das können sie nicht. Nichtsdestoweniger muß man ihnen fortwährend hilfreich zur Seite stehen, man muß die Augen offen halten und – falls nötig – einschreiten und Grenzen setzen in bezug auf bestimmte Bücher, auf den gepflogenen Umgang und auf die außer Haus verbrachte Zeit. Manchmal werden sich die Kinder dagegen auflehnen, dann versuche man sie mit Güte zu überzeugen: „Ja, wir haben Vertrauen zu dir, aber es ist kein Mißtrauen, daran zu erinnern, daß wir alle verschiedenen Versuchungen ausgesetzt sind. Und es ist ein Zeichen von Liebe, dir zumindest die vermeidbaren Versuchungen aus dem Weg zu räumen! Schau dir die Autofahrer an: Sie finden Polizisten vor, Ampeln, weiße und gelbe Linien, Einfahrtsverbote, Halteverbote, lauter Dinge, die auf den ersten Blick Belästigungen und Beschränkungen zu sein scheinen. In Wirklichkeit aber sind für den Autofahrer da, weil sie ihm helfen, mit höherer Sicherheit und größerem Vergnügen am Verkehr teilzunehmen!"

Weg mit den Komplexen!

„Ich schäme mich, darüber zu sprechen!"
Das habe ich nicht etwa von einer Mutter gehört, sondern doch tatsächlich von einem Vater, einem gestandenen Mannsbild. Und er hat noch hinzugefügt: „Lieber würde ich vier Tage lang Steine klopfen, als eine halbe Stunde

mit meinem Sohn über solche Dinge zu reden!" Das ist denn doch etwas zuviel! Ein bißchen Unbehagen, ein klein wenig Verlegenheit kann schon einmal vorkommen, vor allem dann, wenn man es nicht gewohnt ist, mit den eigenen Kindern vertrauensvoll zu sprechen und sich von ihnen ausfragen zu lassen. Das Unbehagen läßt sich aber mit Hilfe von geeigneten Büchern leicht überwinden. Notfalls überläßt man diese Aufgabe einem guten Lehrer oder Katecheten, zu dem das Kind großes Vertrauen hat.

Religiöse Erziehung

Wie reagieren Jugendliche auf die Arbeitslosigkeit, auf Mißerfolge, Krankheiten, Neidgefühle und unterschwellige Sticheleien der Arbeitskollegen? Ist es nicht Aufgabe der Eltern, ihre Kinder auch auf die unvermeidlichen Prüfungen des Lebens vorzubereiten? Doch wie wird diese Vorbereitung aussehen ohne Zuhilfenahme der Religion?

Nur wenn der junge Mensch sich unter den liebevollen und ermutigenden Augen Gottes geborgen fühlt, wird er diese Opfer auf sich nehmen. Wenn jedoch der Himmel für ihn abgeschafft ist und Gott ihm nichts mehr bedeutet, wird die einzige Moral, nach der er sich richtet, die sein, sich nicht erwischen zu lassen. Ist einmal das Bedauern darüber verschwunden, die persönliche Freundschaft mit Gott abgebrochen zu haben, verschwindet auch der rechte Sinn für die Sünde.

Was dann noch bleibt, sehen wir ja: Die Sünde wird als ein Märchen angesehen, das unsere Großväter erfunden haben, damit wir schön brav bleiben, ja man ist sogar stolz auf seine Sünden. Die einzige Sünde, wenn überhaupt, seien – so sagt man – die ungerechten sozialen Strukturen, gegen die wir alles zum Kampf mobilisieren müßten. Das Schlimme ist, daß die Eltern ihren Kindern eine religiöse Einstellung nur vermitteln können, wenn sie selbst eine solche besitzen. Sie haben aber in Wirklichkeit keinen Funken Religion, wenn sie darunter bloß ab und zu den Besuch einer heiligen Messe verstehen oder die paar kargen Augenblicke, die sie für Gott übrig haben, als ob er ein armer und verachteter Bettler wäre; wenn sie zu Hause Gespräche, Bücher und Zeitschriften dulden, die sich über religiöse Dinge lustig machen und an der Kirche nur Kritik üben.

„Die Religion ist notwendig", hat ein Vater einmal zu mir gesagt, „aber nur ja nicht zuviel davon, nur ein religiöser Anstrich." Ich habe ihm geantwortet: „Ein solcher Anstrich wäre bloß eine Karikatur der Religion und wegen der Widersprüchlichkeiten, die dabei zum Vorschein kämen, sogar eine Propaganda gegen die Religion."

Eine Frau hat mich gebeten, mich dafür einzusetzen, daß ihre Tochter in eine Klosterschule aufgenommen wird. „In die staatliche Schule" – erklärte sie – „wollen wir sie nämlich nicht schicken, mein Mann und ich, wegen der Orientierungslosigkeit und Verpolitisierung, die dort gegenwärtig herrschen."

Darauf gab ich zur Antwort: „Liebe Frau, die Plätze in den wenigen katholischen Schulen, die noch nicht von libertinistischen Vorschriften zersetzt sind, erweisen sich angesichts der großen Nachfrage als viel zu spärlich, und es fehlen auch die finanziellen Mittel, um sie wesentlich zu vermehren. Andererseits ist es notwendig, daß die Katholiken auch in den staatlichen Schulen präsent sind, um die gewissenhaften Lehrer, an denen es dort nicht mangelt, zu unterstützen und zu ermutigen, um das primäre Erziehungsrecht der Eltern zu verteidigen angesichts von Vereinigungen und Bewegungen, die in unzulässiger Weise die Familie zu ersetzen trachten und Methoden, Lehrpläne und Schulbücher einführen, die mit echter Erziehung nichts mehr zu tun haben. Und außerdem, liebe Frau, bedenken Sie doch, daß die Schule heutzutage nur eine von vielen Bildungsmöglichkeiten für die Jugend darstellt. Nehmen Sie zum Beispiel nur das Fernsehen. Ich verfolge seit einiger Zeit anhand einer Zeitschrift das Fernsehprogramm des französischen Senders ‚Europe 1', wo in letzter Zeit speziell für die Jugend zu folgenden Themen Stellung genommen wurde:

1. Das Recht des Jugendlichen auf volle sexuelle Freiheit.

2. Das Recht der Kinder ab 14 Jahren, von daheim auszuziehen.

3. Über die Einsetzung einer aus Eltern, Lehrern und Schülern bestehenden Kommission, die über jeden Fall entscheiden sollte, wo ein Kind sich in Schwierigkeiten befindet oder Angst hat.

4. Das Recht der Burschen, nach freier Wahl Freundschaften und Beziehungen, auch homosexueller Art, einzugehen, und das Recht der Mädchen, solche Verbindungen auch mit erwachsenen und verheirateten Männern zu unterhalten.

5. Das Recht, die eigenen Eltern wegen erlittener Züchtigung vor Gericht anzuklagen.

6. Das Recht, nach freiem Ermessen Ärzte aufzusuchen, sich nach Belieben zu kleiden, zu Unterhaltungen zu gehen und die Ferien zu gestalten. In diesem letzteren Fall haben selbstverständlich die Eltern für die Kosten aufzukommen."

„Ist das ernst gemeint?" – antwortete die Frau. „Etwas Schlimmeres könnte man sich gar nicht vorstellen, um die Kinder von allen Hemmungen zu befreien und uns Eltern vollends den Mut zu nehmen."

„Liebe Frau, das Schlimmste ist vielleicht etwas ganz anderes. Wenn nämlich die Jugendlichen geradezu mit den Händen auf die schweren sozialen Ungerechtigkeiten hingestoßen werden, die es leider gibt, und wenn ihnen dann gesagt wird: Die Kirche, die gegenwärtigen Strukturen haben das verursacht. Man muß daher alles über den Haufen werfen und eine ganz neue, gerechte Welt schaffen, ohne Kriege und ohne Ungleichheiten. Die Jugendlichen sind da natürlich sofort Feuer und Flamme, und ohne auch nur die geringste Idee zu haben, was an die Stelle der gegenwärtigen Strukturen treten soll, stürzen sie sich dann in idealistischem Übereifer und im Namen der Hoffnung in die Revolution und in eher verzweifelte Versuche, die ‚Stadt der Zukunft‘ zu bauen."

„Mein Gott, was tun, um ihnen Einhalt zu gebieten und sie von diesem Weg wieder abzubringen?"

„Ich weiß es nicht. Vielleicht sollten wir ein besseres Vorbild abgeben, mehr Gerechtigkeit walten lassen und mehr ansteckende christliche Begeisterung ausstrahlen. Außerdem sollten wir nicht aufhören, diese Jugend zu lieben, die zum größten Teil von guten Absichten beseelt ist, wir sollten beten und abwarten. Auch der heilige Augustinus ist mit 19 Jahren aus der Kirche ausgetreten, so sehr hatte man sie ihm in einem falschen Licht dargestellt. Acht Jahre später kehrte er aus zwei Gründen wieder in den Schoß der Kirche zurück:

1. In Mailand begegnete er einem Heiligen, dem Bischof Ambrosius, und mit ihm einer lebendigen, echt christlichen Gemeinschaft.

2. Er war zutiefst enttäuscht von den Parteien und Gruppierungen, die ihm, der nach der Wahrheit dürstete, das Blaue vom Himmel versprochen, aber nichts gehalten hatten.

Diese Methode dürfte auch heute noch zweckmäßig sein: Den Jugendlichen eine Begegnung mit echten Persönlichkeiten und christlichen Gemeinschaften zu ermöglichen und sie die Erfahrung machen zu lassen, daß gewisse Ideologien zwar in der Lage sind, große Hoffnungen zu erwecken, aber nie, sie auch zu erfüllen."

Alex, fünf Jahre alt, spielt im Garten, während sein Vater im Schatten sitzt und die Zeitung liest. Als der Vater aufblickt, sieht er, wie sein Sohn mit all seinen Kräften versucht, einen großen Blumenkübel von der Stelle zu rücken, der viel größer ist als er selbst. Der Kleine gibt sein Letztes, er versucht es immer wieder, er wird wütend und ganz rot im Gesicht, aber es gelingt ihm nicht, den Kübel zu verrücken. Der Vater fragt ihn:
– Du hast alles getan, was in deinen Kräften stand, stimmt's?
– Ja, Papa!
– Nein, hast du nicht, denn du hast nicht um Hilfe gebeten.

Es ist eine große Versuchung, so zu leben, als ob es Gott nicht gäbe, zu glauben, man könnte auch ohne ihn klarkommen.

Habt ihr eine Telefon zu Hause?
– Ja.
– Und was machst du, telefonierst du auch manchmal?
– Ja, jeden Abend mit meinem Vater, der auswärts arbeitet.
– Und weißt du, wie man das macht?
– Ja, man wählt die Nummer, dann sagt man seinen Namen und ... dann spricht man.
– Bravo! Und hast du jemals versucht, Gott anzurufen?
– !?
– Natürlich gibt es da kein Telefon mit einer Leitung. Aber es gibt einen direkten Draht. Man sagt einfach: Lieber Gott, ich bin hier! Ich bin's, Beppino. Ich rufe dich an, um dir zu sagen, daß ich dich gern habe, daß ich an dich denke, daß ich Hilfe brauche.

Beten heißt, mit Gott telefonieren, sich bei ihm melden, sich mit ihm unterhalten ... mit ihm und auch mit der Muttergottes und den Heiligen!

Andreas wünschte sich so sehr das Fahrrad, das er im Schaufenster gesehen hatte. Aber seine Mutter hatte noch viele Schulden abzuzahlen und konnte dieses teure, super ausgestattete Fahrrad, von dem ihr Sohn träumte, ganz bestimmt nicht kaufen.

Andreas wußte um die Schwierigkeiten seiner Mutter, also entschloß er sich, geradewegs Gott selber um das Fahrrad zu bitten, am liebsten zu Weihnachten. Und jeden Abend fügte er seinem Gebet hinzu: „Denk daran, lieber Gott, laß mich zu Weihnachten das gelbe Fahrrad bekommen!" Die Mutter hörte das – und es schnürte ihr das Herz vor Kummer zusammen.

Weihnachten kam, und Andreas bekam kein Fahrrad. Am Abend kniete sich der Kleine hin, um sein Gebet zu sprechen. Die Mutter ging zu ihm hin und sagte:

– Ich hoffe, du bist nicht böse auf Gott, weil du das Fahrrad nicht bekommen hast und weil er nicht auf deine Gebete gehört hat.

Andreas schaute die Mutter an und antwortete:

– O nein, Mama! Ich bin Gott nicht böse. Er hat auf meine Gebete geantwortet, und er hat „Nein" zu mir gesagt.

Der Sonntag in der Familie

Der Sonntag wird nicht gut gelingen, wenn man sich nicht zuvor Gedanken darüber gemacht und ihn vorbereitet hat. Der Hauptgestalter müßte der Vater, das Familienoberhaupt sein, am besten gemeinsam mit seiner Frau und den größeren Kindern. Wenn er nicht wenigstens den Sonntag dazu nutzt, mehr Zeit mit den Seinen zu verbringen, dann ist er wie ein König, der auf seinen Thron verzichtet. Und er ist ein Egoist, wenn seine einzige Sorge „seinem" Kartenspiel und „seiner" Partie Boccia gilt, ohne daran zu denken, wie sich seine Frau und seine Kinder einen schönen Tag machen könnten, und wenn er den Stammtisch, die Bar, den Sportplatz als „Ruhezone" und Ausgleich nach den „Turbulenzen" in der Familie ansieht. Vielmehr dürfte das Gegenteil der Fall sein: die Ruhe findet man im Kreis der Familie.

Bei den Vorbereitungen des Sonntags soll man darauf achten, daß er sich auch äußerlich von den anderen Tagen der Woche abhebt. Schon am Samstagnachmittag beobachten die Allerkleinsten mit Freude das große Saubermachen in der Wohnung, die Festtagswäsche wird aus den Schubladen und Schränken hervorgeholt, die glänzenden Schuhe stehen wie in einer Schlachtordnung aufgereiht, die täglichen Arbeiten werden im voraus verrichtet, die Torte für morgen wird in die Speisekammer gestellt, und nach dem Abendessen scheint allein schon das auf dem Tisch ausgebreitete große weiße Tischtuch dem kommenden Sonntag Ehre erweisen zu wollen.

Auch die etwas größeren Kinder atmen am Samstagabend die Luft der Freiheit und der Befreiung: „Morgen ist keine Schule, morgen muß Papa nicht zur Arbeit. Während der Woche werden wir kommandiert, sind wir von anderen abhängig, morgen aber gehören wir nur uns selber. So wird es auch bei den Familien nebenan sein, bei unseren Freunden. Morgen – Freiheit für alle; die gute Luft des Sonntags ist allen gemeinsam, so wie das Brot, das wir alle essen, gut und gemeinsam ist."

Und dann der Sonntag selbst. Er sollte so gemeinschaftlich wie möglich verbracht werden. Wenn es geht, sollte die ganze Familie an der gleichen Messe teilnehmen. Als die heilige Theresia vom Kinde Jesu noch ein kleines Mädchen war, war sie sehr glücklich, wenn sie ihrem Vater die Hand reichen und mit ihm und den Geschwistern zur heiligen Messe gehen konnte. So klein, wie sie war, verstand sie nur wenig von den Predigten, aber ihren Vater schaute sie öfter an als den Prediger: das Gesicht ihres Vaters sagte ihr alles. Papst Johannes sagte von der Messe: „Oh, die Messe! Das Buch und der Kelch!" Das „Buch" sind die Lesungen und die Predigt, aber für die kleineren Kinder können das Gesicht oder das Verhalten der Eltern in der Kirche „Buch" und lebendiges Evangelium sein.

Und dann das gemeinsame Mittagessen. Wer es geplant hat, muß auch dafür gesorgt haben, daß auf dem Tisch für jeden Geschmack etwas dabei ist: das Eis für die kleineren und größeren Kinder, das Lieblingsdessert für die Mama, die Zigarre und ein Gläschen für den Papa. Und eine Unterhaltung, die alle ein wenig mit einbezieht.

Manzonis Schneider aus Vercurago kommentierte bei Tisch mit Begeisterung die Predigt des Kardinals Federigo. Das wird man nicht immer verlangen können, aber eine diskrete Verbindung zwischen dem Tisch des Herrn und dem zu Hause wäre sicherlich nicht schlecht.

Die Eltern müssen sich mit Liebe und Verständnis für die Probleme interessieren, welche die Kinder zum Mittagstisch mitbringen, auch wenn sie unbedeutend zu sein scheinen, auch wenn es nur um Sport geht, um Mode und um die Schule. Und sie müssen dafür sorgen, daß die Unterhaltung in Gang bleibt. Ab einem bestimmten Moment sollte man die Aufmerksamkeit ganz besonders auf die Kleineren richten, die im weiteren Verlauf des festtäglichen Nachmittags oft ein Problem aufgeben können. Sich von ihnen zu befreien, indem man sie stundenlang vor den Fernseher setzt oder sie ins Kino schickt, ist weder weise noch klug. Ihre lebhafte Aktivität mit vielfachen Verboten (nicht dieses, nicht jenes) einzudämmen kann den Anschein erwecken, sie ersticken zu wollen. Sich aber ausschließlich mit ihnen und mit nichts anderem zu beschäftigen kann den Eltern die einzige Zeit nehmen, die sie zur Verfügung haben, um sich geistig und geistlich zu erholen.

Es liegt also auf der Hand, daß man erfinderisch und flexibel sein muß, um allen Familienmitgliedern ein wenig entgegenzukommen. Dazu gehören auch der Wille und die Kraft zur Anpassung. War es nicht auch bei dem großen Forscher Darwin so, als er eines Tages in seinem Arbeitszimmer eine Botschaft von seinen Kindern erhielt? „Papa", sagte eines von ihnen, „wir haben beschlossen, dir jedesmal vier Schillinge zu geben, wenn du mit uns spielst und uns eine deiner schönen Geschichten erzählst."

Großartig, dieser Darwin, der oft seine anspruchsvollen Studien und wissenschaftlichen Forschungen unterbrach, um sich mit seinen Kindern abzugeben. Noch großartiger aber unsere katholischen Eltern, wenn sie, nachdem sie mit ihren kleinen und großen Kindern das Gespräch gepflegt haben, noch die Zeit finden, ein gutes Buch, eine gute Zeitung oder Zeitschrift zu lesen oder einen Kurs des katholischen Bildungswerkes zu besuchen. Vom Glauben bewahrt man nur das, was man verteidigt. Und wenn man von der enormen Propaganda gegen die Kirche heutzutage ausgeht, dann verteidigt man bald nur noch ein schönes Nichts, wenn man sich nicht fortlaufend weiterbilden und auf den neuesten Stand bringen würde ...

Ich habe den Ablauf eines Abends in der Familie vor Augen, wie ihn André Maurois beschrieben hat: „Der Vater liegt ausgestreckt im Sessel, liest eine Zeitung und nickt ein. Die Mutter strickt und unterhält sich schicksalsergeben mit der ältesten Tochter über die drei oder vier Probleme, die ihr Leben als Hausfrau belasten. Einer der Jungen liest vor sich hinsummend einen Kriminalroman, ein anderer nimmt eine Steckdose auseinander, ein dritter quält die gut funktionierenden Ohren der anderen, indem er im Radio die verschiedenen Musikübertragungen aus den europäischen Hauptstädten sucht. Eine wundervolle Kakophonie kommt dabei heraus. Der Lärm des Radios verhindert die Lektüre oder den Schlaf des Vaters; das Schweigen des Mannes betrübt die Frau; das Gespräch zwischen Mutter und Tochter entnervt die Jungen, die sich darüber beklagen; irgend jemand fängt an zu schmollen, der eine gibt keine Antworten auf gestellte Fragen, andere brechen in unmotivierte Freudenschreie aus."

Solche Situationen müssen vermieden werden, wenn man den Sonntag sinnvoll erleben will. Dazu gehört, daß man sich um Harmonie und Einigkeit bemüht und daß jeder davon überzeugt ist, daß man zum Wohle aller eben einige Opfer bringen muß.

Ein weiterer Punkt: die Mutter ein wenig entlasten, die ja im Haus gewöhnlich diejenige ist, die sich am meisten abrackern muß. „Königin des Herdes" wurde sie früher einmal genannt, doch eher ist sie wohl als „Dienerin des Herdes" zu bezeichnen. Wenigstens am Sonntag wäre es nötig, die Mutter ein wenig von ihren Aufgaben zu entlasten. Die Töchter oder auch der Ehemann selber bieten sich an, ihr gewisse Arbeiten abzunehmen. „Sonntags, Mama, da spülen wir das Geschirr!" – „Am Sonntagabend braucht Mutter nicht zu kochen. Wenn wir von unserem gemeinsamen Spaziergang oder von einem Besuch bei den Großeltern oder Verwandten zurückkommen, gibt es ein kaltes Abendessen, das schon vorbereitet in der Speisekammer steht und das wir nur noch zu holen brauchen."

Und nach dem Abendessen dann ein wenig fernsehen. Die christliche Familie müßte noch gemeinsam ein kurzes Gebet sprechen.

Ich zitiere noch einmal die heilige Theresia vom Kinde Jesu: Am Sonntagabend, nach einer Partie Dame und nachdem Papa einige Lieder gesungen hatte, „erhoben wir uns, um gemeinsam zu beten ... Ich brauchte nur Papa anzusehen, um zu wissen, wie die Heiligen beten."

Etwas in der Art müssen die Familien anstreben, wenn sie den Sonntag wieder christlich feiern wollen. Ich habe gesagt: die Familien, ich denke aber vor allem an die Eheleute. Wenn sie sich in der Fülle der österlichen Freude Christus hingeben wollen, dem sie zu Hause in ihren Kindern, die Gott ihnen anvertraut hat, begegnen, dann müssen sie sich darum bemühen, das gemeinschaftliche Gebet wieder aufleben zu lassen.

Ehevorbereitung

Nehmen wir die Zeit vor der Verlobung. Der Erzbischof Montalbetti schrieb: Oft wird den Mädchen „beigebracht, wie man richtig grüßt, wie man sich bewegt, wie man bei Tisch sitzt, es wird ihnen aber nicht beigebracht, wie man liebt!"

Die folgenden Worte einer Mutter an ihre Tochter kurz vor der Verlobung wären also nicht unnütz vergeudet: „Liebes Kind, laß mich dich an ein biologisches Gesetz erinnern. Normalerweise hat das Mädchen auf sexuellem Gebiet mehr Selbstbeherrschung als der junge Mann. Ist der Mann auch körperlich gesehen stärker, so ist es die Frau im geistigen Bereich. Es scheint fast, als hätte Gott sich entschieden, das Gutsein der Männer von dem der Frauen abhängig zu machen. Und so werden ab morgen von dir, wenigstens zum Teil, die Seelen deines Mannes und deiner Kinder abhängen; heute sind es die deiner Freunde und des jungen Mannes, der dich liebt. Deshalb mußt du gesunden Menschenverstand für zwei haben und in bestimmten Dingen ‚Nein' sagen können, auch wenn dich alles dazu drängt, ‚Ja' zu sagen. Und dein Verlobter selbst wird dir – wenn er ein guter Mensch ist – in seinen besten Augenblicken dafür dankbar sein und zu sich selber sagen: ‚Meine Maria hat recht gehabt: sie hat ein Gewissen und folgt ihm – daher wird sie mir auch in Zukunft treu sein!' Das allzu nachgiebige Mädchen hingegen gibt nicht diese Garantie, es läuft Gefahr, mit ihrer allzu unbefangenen Fügsamkeit eine gefährliche Saat auszulegen, aus der in Zukunft Eifersüchteleien und Verdächtigungen seitens des Ehemannes aufkeimen werden."

Auch der Vater wird seinem Sohn einen guten Rat geben können: „Respektiere sie! Verteidige sie gegen dich selbst! Du möchtest, daß sie für dich unberührt bleibt? Das ist richtig, aber tu du dasselbe auch für sie und höre nicht auf gewisse Freunde, die überall ihre ‚Heldentaten' herumerzählen, die damit prahlen und glauben, wegen ihrer Frauengeschichten ‚tolle Kerle' zu sein. ‚Toll' und stark ist der Mann, der sich selbst überwinden kann, indem er die uns allen eigene Schwäche besiegt, koste es ihn auch so manches Opfer! Die Liebe muß eine Liebe mit groß geschriebenem L sein und keine solche mit kleingeschriebenem l. Sie muß wertvoll sein wie ein Edelstein, nicht gewöhnlich und vulgär wie der Bodensatz eines Glases! Solange man verlobt ist, darf es nicht so sehr um das sinnliche Vergnügen gehen, sondern vielmehr um geistige und feinsinnige Freuden. Selbstverständlich muß man dabei liebevoll sein, aber korrekt und mit Würde!"

Mitgift oder Gaben?
Früher einmal maß man der Mitgift große Bedeutung bei. Für mich wären die Gaben wichtiger, d. h. der gute Charakter, die Fähigkeit, in Harmonie zu leben, das Zuhause und die familiäre Gemeinschaft heiter zu gestalten, die Familie des anderen und sich gegenseitig so anzunehmen, wie man ist. Ich würde einer guten Vorbereitung auf die Pflichten der Kindererziehung, einer tief empfundenen und aufrichtigen Religiosität den Vorrang geben.
Als Domenico Moscati, ein Arzt und heute Anwärter für die Seligsprechung, an das Bett einer erkrankten Studentin gerufen wurde, wurde er auch nach seiner Meinung über die sich im Zimmer des Mädchens befindlichen Bücher gefragt. „Es sind viele, und wie mir scheint, sind sie gut ausgewählt", sagte er, nachdem er sich umgeschaut hatte. „Ein wichtiges aber fehlt!" – „Und welches?", fragte die Mutter der jungen Frau. „Der *König der Köche*, das Buch, das einem zeigt, wie man gute Suppen und abwechslungsreiche Gerichte zubereitet."

Auch das ist der „König der Köche"
Moscati hatte recht. Der Ehemann wird immer – und das ist nur natürlich – auf das hübsche Gesicht, die gute Figur, die anmutigen Bewegungen, die elegante Kleidung seiner Frau achten. Er wird auch stolz sein, wenn sie Shakes-

peare und Tolstoi gelesen hat. In seiner praktischen und genießerischen Art aber (wie sie allen Männern ein wenig eigen ist) wird er doppelt glücklich sein, wenn er entdeckt, daß er neben einer schönen Frau auch einen Schatz, eine „Königin" erobert und geheiratet hat. Eine Königin nicht nur der Köchinnen, auch eine Königin der glänzenden Fußböden, eines mit kleinen Dingen liebevoll ausgestatteten Hauses, von sauber-adretten Kindern, die wie lebendige Blumen aufgezogen werden! Und auch die Ehefrau wird sich in hohem Maße wohlfühlen, wenn sie in der Lage ist, all das gut zu meistern. Ganz anders erging es der Frau, die in eine Konditorei kam und fragte, ob sie eine fertige Süßspeise kaufen könnte. „Sicher", antwortete der Konditor, „und zwar in bester Qualität!" – „Ich will sie aber nicht in bester Qualität", entgegnete die Frau ein wenig verlegen, „ich möchte eine Süßspeise von eher mittelmäßiger Ausführung, damit der, der sie ißt, denken kann, sie wäre zu Hause gemacht worden und nicht beim Konditor!"

Ihre Rolle als Frau
Über dieses Thema könnte man, wenn man wollte, lange sprechen. Ich will mich aber auf zwei Gedanken des Konzils beschränken.
Erster Gedanke: Dazu beitragen, daß die Ehe „höher geschätzt" werde (*Gaudium et spes*, Nr. 49). Das wird nicht der Fall sein, wenn die Tochter des öfteren Zeuge wird, wie die müde und überreizte Mutter ihrem Unmut freien Lauf läßt und sich beschwert: „Was für ein armseliges Leben müssen doch wir Frauen führen! Die ständig lärmenden Kinder, Wäsche waschen, Essen kochen, einkaufen, Geschirr spülen und immer das wieder aufräumen, was andere unordentlich herumliegen lassen! Und immer wieder, immer dieselbe Leier, Tag für Tag, Monat für Monat, Jahr für Jahr!" Wenn man zu oft so redet, dann besteht die Gefahr, daß die Tochter ihre Rolle als Frau nur widerwillig annimmt und daß sie es bedauert, nicht als Mann geboren worden zu sein. Völlig anders sieht die

Sache hingegen aus, wenn die Mutter ihre bescheidenen, aber wundervollen Pflichten der täglichen Hingabe an die anderen freudig erfüllt.

Seine Rolle als Mann

Ähnlich gelagert wird das Risiko des Sohnes sein, wenn der Vater keine Begeisterung für seine Aufgaben als Familienvorstand zeigt. Als Mittelpunkt der Familie muß der Mann in der Lage sein, Entscheidungen zu treffen und an einmal getroffenen Entscheidungen festzuhalten. Er darf die kleinen Familienstreitigkeiten nicht dramatisieren, sondern er sollte sie mit Humor nehmen und zu einer friedlichen Lösung führen. Er ist es, der in der Lage sein muß, die Waage der Gerechtigkeit unparteiisch in den Händen zu halten, und der nicht verdrießlich werden darf, weil er derjenige ist, der ständig Geld für dieses oder jenes zu beschaffen hat, der die kleinen Probleme lösen muß, der nicht „ausbrechen", der sich nicht „aus dem Staub machen" darf, sobald er kann, um sich in eine Partie Boccia oder ins Kartenspiel zu flüchten – wie in ein Asyl, wie in eine Oase, in die „friedliche Ruhe der Kneipe nach dem stürmischen Unwetter in der Familie".

Führung auf dem Lebensweg ... falls möglich!

Zweiter Gedanke des Konzils: Die Eltern sollen die Kinder bei der Gründung ihrer neuen Familie anleiten (*Gaudium et spes*, Nr. 52). Ein schwieriges Unterfangen heute. Das Konzil versteht jedoch die Problematik und erklärt mildernd: „Mit klugem Rat" sollen sie das tun, „auf den die Kinder gerne hören sollen". Ganz wichtig ist also das *Wie*, die *Art* des Ratschlags. Übertreiben bringt hier nichts. Zu spät einschreiten kann Dramen heraufbeschwören. Wenn möglich versuche man, rechtzeitig klärende Hilfen zu geben, ohne sich aufzudrängen und ohne Zwang auszuüben, die berechtigte Freiheit des anderen respektierend. Man muß den Eindruck vermitteln, daß es einem *ausschließlich* um das alleinige Wohl des Kindes geht. Man versuche, es davon zu überzeugen, daß vier Augen besser sehen als zwei und sechs besser als vier, vor allem dann, wenn es die Augen von Eltern sind, die ihre Kinder aufrichtig lieben und die ihnen den Lebensweg erleichtern wollen.

Einst ... und jetzt!
Oben habe ich geschrieben, daß es heutzutage schwierig ist, junge Menschen auf ihrem Lebensweg zu beraten. Damit wollte ich weder unsere Zeit schlecht machen noch die größere Autonomie beklagen, die unsere Kinder heute bei der Wahl ihrer Ehepartner haben, und erst recht lag es nicht in meiner Absicht, den Handlungsweisen vergangener Zeiten hinterherzuweinen. Vor drei Jahrhunderten zum Beispiel nahm es die heilige Franziska von Chantal, eine Witwe, eine Nonne – und eine Heilige, selber in die Hand, Ehemänner für ihre Töchter zu finden. Maria Amata verheiratete sie mit Bernhard, einem Bruder des heiligen Franz von Sales. Cecchina wollte sie einem gewissen Herrn de Ballon zur Frau geben, einem wohlhabenden Adeligen, aber Madame de Charmoisy „schnappte" ihr den auserwählten Kandidaten für ihre eigene Tochter weg. Die heilige Franziska mußte sich mit weniger zufriedengeben, d. h. mit einem Herrn Toulongeon, den sie Cecchina in einem Brief mit folgenden Worten präsentierte: „Hör zu, liebe Tochter, ... er wird dich besuchen kommen, um von dir zu erfahren, ob du ihn nicht zu langweilig findest ... Ich bin wirklich froh darüber, daß ich selber diese Ehe *ohne dein Zutun* in die Wege geleitet habe ... Herr de Toulongeon ist zwar etwa fünfzehn Jahre älter als du, aber mit ihm wirst du glücklicher sein als mit einem leichtfertigen und zügellosen Tollkopf, wie es die jungen Männer heutzutage alle sind."
In Wirklichkeit belief sich der Altersunterschied, den eine weibliche und mütterliche Diplomatie (die nicht einmal bei Heiligen ganz verschwindet!) mit „etwa fünfzehn Jahren" umschrieb, auf annähernd siebenundzwanzig Jahre! Außerdem waren die jungen Männer von damals auch nicht alle „Tollköpfe", genausowenig wie auch heute nicht

alle Jugendlichen „Tollköpfe" sind. Unterm Strich ziehe ich die heutige Vorgangsweise vor, die den Kindern größere Freiheit gibt, auch wenn einem maßvollen Intervenieren der Eltern ein angemessener Raum zugestanden werden sollte. Die Eltern sollten es also der heiligen Franziska von Chantal in ihrem bemühten und wachsamen Interesse an der Zukunft ihrer Kinder gleichtun, nicht aber, wenn es darum geht, sie zu vergeben, ohne sich nicht wenigstens einmal mit ihnen beraten zu haben, und auch nicht dabei, ihnen die Karten auf dem Tisch zu vertauschen, auch nicht mit „heiliger" Diplomatie!

Wie ich sehe, hast du schöne neue Schuhe! Wer hat sie dir gekauft?

– Die Mama.

– Ah! Gute Mama! Sie hat dir die Schuhe ausgesucht. Und gehst du auch zur Schule?

– Ja, ich gehe gern zur Schule, in die vierte Klasse.

– Wer hat dir Lesen und Schreiben beigebracht?

– Meine Lehrerin.

– Und wer versetzt dich in die fünfte Klasse?

– Die Lehrerin.

– In Ordnung. Gut die Lehrerin, die dir die Schulklasse „aussucht"! Wirst du denn immer so klein bleiben?

– Nein, ich werde einmal groß ...

– Das stimmt, du wirst einmal groß. Man bleibt nicht sein Leben lang klein. Langsam und allmählich, aber einmal kommt die Zeit, wo man große Entscheidungen treffen muß, wo man wichtige Dinge beschließen muß. Wenn du groß bist, dann wirst du vielleicht auch heiraten, wenn du nicht Nonne werden willst.

– Nein, ich heirate!

– Aber bevor du heiratest, wer sucht dir deinen Verlobten aus?

– Ich!

– Gut ... Den Verlobten lassen wir dich aussuchen. Aber da muß man eine gute Wahl treffen, denn den Verlobten behältst du dein ganzes Leben lang. Der Verlobte ist kein Schuh, den man wegwirft, wenn er alt und abgenutzt ist. Schuhe kann man kaufen. Wenn sie aus der Mode gekommen sind, dann kauft man sich neue. Wenn man in der Schule sitzengeblieben ist, dann kann man die Mängel beheben oder das Jahr wiederholen. Wenn du dich aber bei der Auswahl deines Bräutigams irrst und erst einmal verheiratet bist, dann kannst du ihn nicht einfach wegschicken und dir einen anderen nehmen. Du mußt ihn behalten ... für immer!

Paß also auf: Die Schuhe hat die die Mama ausgesucht. Die Schulklasse deine Lehrerin, wenn sie sicher ist, daß du gelernt hast. Den Verlobten mußt du dir selbst aussuchen ...

Jung und alt in der Familie

In seinem imaginären Brief an Alvise Cornaro, einen
berühmten Venezianer, der vor mehr als vierhundert Jahren
gelebt hat, beschäftigt sich Luciani mit den Problemen des
Altwerdens und der Integration der alten Menschen in die
Familie. Dieser Brief wurde im Oktober 1973 in der
Zeitschrift „Sendbote des heiligen Antonius" veröffentlicht.

Lieber alter Venezianer, warum schreibe ich Euch? Ihr lebtet vor vierhundert Jahren in Venedig und wart ein sympathischer Mensch. Ihr habt ein Büchlein geschrieben mit einer köstlichen Naivität, das viel gelesen wurde. Darin macht Ihr Propaganda für eine mäßige und gesunde Lebensweise. Und vor allem wart Ihr das Muster eines heiteren alten Mannes.

Bis zum vierzigsten Lebensjahr littet Ihr an einem „sehr kalten und feuchten Magen", an „Seitenstechen", an „beginnender Gicht" und an hundert anderen Leiden. Eines guten Tages warft Ihr alle Medikamente weg. Ihr hattet entdeckt: „Wer gut essen will, muß wenig essen", und Ihr verlegtet Euch auf die Mäßigkeit.

Ihr wurdet wieder gesund, und so konntet Ihr Euch dem Studium widmen und dem „heiligen Ackerbau", der Hydraulik, der Urbarmachung von Land, dem Mäzenatentum und der Architektur. Und immer wart Ihr guter Dinge und erfreutet Euch eines guten Aussehens. Zwischen achtzig und neunzig schriebt Ihr Eure „Gespräche über das mäßige Leben". Darin macht Ihr uns Alten Mut und bringt uns zur Überzeugung, daß auch wir noch etwas Nützliches leisten können.

Zu Eurer Zeit wurden nicht viele so alt. Man hatte wenig Ahnung von Hygiene; es gab noch nicht die Dinge, die uns heute das Leben bequem und einfach machen; bestimmte Krankheiten konnte man noch kaum bekämpfen; die Chirurgie mit ihren modernen technischen Möglichkeiten und wunderbaren Erfolgen gab es noch nicht; die Menschen erreichten nicht wie heute in einigen Ländern ein mittleres Alter von siebzig Jahren.

Heute nehmen wir Alten an Zahl zu auf der ganzen Linie.

In Italien sind wir, die über Sechzigjährigen, fast der fünfte Teil der Gesamtbevölkerung. Man nennt uns das „Dritte Alter". Allein von unserer Zahl her gesehen müßten wir Mut und Selbstvertrauen besitzen.

Und statt dessen? Statt dessen werden wir mitunter von einer gewissen Angst befallen. Wir haben den Eindruck, als hätte man uns auf die Seite gelegt wie ein Rädchen, das nicht mehr gebraucht wird. Oder wir kommen uns vor wie ein Radfahrer, der beim Rennen den Anschluß an die Gruppe verpaßt hat. Wenn wir in Pension gehen, wenn die Kinder heiraten und anderswohin ziehen, dann haben wir das Gefühl, als hätten wir keinen Boden mehr unter den Füßen, und wissen nicht mehr, woran wir uns klammern sollen.

Wenn wir dann langsam gebrechlich werden und die Zeichen des körperlichen Verfalls einsetzen, dann machen wir ein griesgrämiges Gesicht. Anstatt mehr an die freudigen Dinge zu denken, die Gott uns immer noch schenkt, geben wir uns der Wehmut hin, die sich in dem wenig schönen Ausdruck kundtut, den man in Venedig oft hört: „Wir sind alt und verschlissen!"

Die Sache wird noch ärger, wenn wir – so über die Sechzig – das Haus verlassen müssen. Dort haben wir gelebt, mit ihm haben wir uns bis jetzt identifiziert. Und nun sollen wir in ein Altersheim ziehen. Sicher, viele leben sich dort ein und fühlen sich wohl. Aber der eine und der andere fühlt sich wie ein Fisch auf dem Trockenen. „Mir fehlt es an nichts hier", sagte mir einer, „es könnte ein Vorzimmer zum Himmel sein, aber es ist ein Fegefeuer."

Die Probleme der Alten sind heute viel komplizierter als zu Eurer Zeit, und vielleicht sind es viel tiefere menschliche Probleme. Aber Ihr bietet das beste Heilmittel an: Jeden Pessimismus und Egoismus überwinden! „Vielleicht habe ich noch zehn oder zwanzig Jahre. Die will ich ausnutzen. Ich will meine verlorene Zeit wieder aufholen, indem ich den anderen helfe. Das Leben, das mir noch bleibt, soll vom Feuer der Liebe zu Gott und dem Nächsten erfüllt sein.

Ich habe keine Kräfte mehr? Wenigstens kann ich beten. Ich glaube an die Kraft der Gebete, die aus den Klöstern der beschaulichen Nonnen zu Gott emporsteigen. Ich glaube auch mit Donoso Cortes, daß die Welt mehr das Gebet braucht als den Krieg. Nun wohl, wir Alten können Gott unsere Leiden aufopfern; wir können uns Mühe geben, sie mit heiterem Sinn zu ertragen. So können wir Einfluß nehmen auf die großen Probleme, um die die Menschen in der Welt ringen müssen."

Das ist eine Rede, die mir gefällt. Wenn uns dann noch Energie und Zeit bleibt, können wir auch mehr tun. Warum stellen wir uns nicht für nützliche Arbeiten und Dienste zur Verfügung? In manchen Pfarreien stellen pensionierte Lehrpersonen und andere Rentner eine wertvolle Hilfe dar.

In Frankreich haben sich die Alten geradezu organisiert, um nicht vom Leben abgeschnitten zu sein. „Überall", so sagten sie sich, „entstehen Gruppen für die Jungen. Machen wir Spontangruppen für die Alten!" Daraus ist eine wirklich beachtliche Bewegung entstanden, die einen Bischof als Assistenten hat. Sie fördert die Freundschaft und das geistliche Leben der Mitglieder, sie leistet soziale Hilfe und Apostolat unter den anderen Alten, und sie zieht viele von ihnen aus der Isolierung und aus dem Mißtrauen heraus. Und so werden unerwartete und verborgene Energien freigelegt.

Ihr seid nicht der einzige, lieber Alvise Cornaro, der als über Achtzigjähriger Bücher geschrieben hat. Goethe hat seinen Faust mit einundachtzig vollendet. Tizian hat mit über neunzig sein Selbstporträt gemalt. Im übrigen sind wir alt für die, die nach uns kommen; für die, die mit uns zusammen alt werden, bleiben wir immer jung. Mit ein bißchen Bosheit könnte man sagen, daß man das Alter mit einer Ziehharmonika berechnet. Als Gounod mit vierzig Jahren den Faust komponierte, fragte man ihn: „Welches Alter soll Euer Faust im ersten Akt haben?" – „Mein Gott", antwortete Gounod, „wie ein normaler Alter: sechzig Jahre." Zwanzig Jahre später war Gounod selbst sechzig.

Man stellte ihm dieselbe Frage, und er: „Mein Gott, wie eben ein normaler Alter: achtzig Jahre."

An dieser Stelle fällt es mir leicht, eine Prophezeiung zu machen. Und zwar: Dieser Brief, den ich an Euch schreibe, den aber andere lesen sollen, wird die jungen Leser nicht interessieren. Sie werden gelangweilt sagen: „Eine Sache für Alte."

Aber werden sie nicht auch einmal alt? Und wenn es wirklich eine Kunst gibt, eine Methode, wie man leistungsfähig und zufrieden bleibt in seinen alten Tagen – sollten sie das nicht beizeiten lernen? Als ich junger Student war, kam unser Professor für Kirchenrecht an den Abschnitt im Kodex, der von den Pflichten der Kardinäle, Metropoliten und Bischöfe handelt, und er sagte: „Diese Paragraphen braucht man zu selten, die überspringen wir. Wenn zufällig einer von Ihnen zu solch einem Posten kommen sollte, dann soll er sie für sich studieren." Und so mußte ich, als ich Bischof und Patriarch wurde, von vorne anfangen und alles nachholen.

Wenn es auch wenige von den heutigen Theologen bis zum Kardinal bringen werden, so werden doch die meisten Jugendlichen von heute einmal alt sein. Und darum haben sie die Pflicht, auf dem Wege dahin die Kunst des Altwerdens zu lernen. Da ist ein Jüngling von zwanzig, und ist zu zwanzig Prozent brummig? Dann wird er mit sechzig sicher ein sechzigprozentiger Brummbär sein, wenn er sich vorher nicht bessert. Er soll also dafür sorgen, daß er beizeiten freundlicher wird.

Abgesehen davon ist es für die Jugend auch nicht schlecht, zu wissen, daß es außer ihnen auch noch andere Menschen gibt, die Probleme haben, Menschen, die mit ihren Nöten und Schwierigkeiten Seite an Seite mit ihnen leben. Dem Timotheus, einem jungen Bischof, empfiehlt Paulus: „Behandle einen Alten nicht mit Härte, sondern bitte ihn, wie man einen Vater bittet."

Beim Schreiben dieser Zeilen habe ich natürlich vor allem an uns Alte gedacht. Denn wir haben es nötig, daß man uns Verständnis entgegenbringt und uns ermutigt. Darin stimme ich mit dem überein, was Ihr, lieber edler Cornaro, geschrieben habt. Auch mit dem, was der Chefredakteur einer Tageszeitung seinen Mitarbeitern häufig empfahl. Er sagte: „Schreibt etwas über die alten Leute! Da wird zum Beispiel einer hundert und ist geistig und körperlich obenauf – laßt euch diese schöne Nachricht ja nicht entgehen, bringt sie in die Lokalnachrichten. Wir haben ein Publikum von alten Leuten, die freuen sich darüber und sagen: Die Zeitung ist gut informiert!"

Froh wäre auch ich, wenn man sagte: „Wie gut informiert ist doch der *Sendbote des heiligen Antonius!*"

Albino Luciani war mit Leib und Seele Katechet, und ein solcher ist er auch als Papst geblieben. Wenn er ein bestimmtes Thema verdeutlichen wollte, dann liebte er es, mit einem seiner Zuhörer einen Dialog zu führen. So auch bei der Generalaudienz am 6. September 1978.

Über uns stehen unsere Eltern. Der Katechismus lehrt uns, sie zu ehren, sie zu lieben, ihnen zu gehorchen. Der Papst muß die Achtung und den Gehorsam der Kinder den Eltern gegenüber einfordern. Ich habe gehört, daß Ministranten aus Malta hier sind. Kann bitte einer zu mir herkommen ...

Die Ministranten aus Malta haben einen Monat lang den Altardienst in Sankt Peter versehen.

– Also, wie heißt du?

– James.

– James, sag einmal, bist du schon einmal krank gewesen?

– Nein.

– Noch nie?

– Nein.

– Du bist noch nie krank gewesen?

– Nein.

– Du hast noch nicht einmal Fieber gehabt?

– Nein.

– Ach, du Glücklicher! Wenn aber nun ein Kind krank ist, wer bringt ihm etwas Suppe und die Medizin? Ist das nicht die Mutter? Siehst du. Später wirst du groß, und deine Mama wird alt. Du bist ein großer Herr geworden, und die arme Mama liegt krank im Bett. Nun, wer bringt dann der Mama die Milch und die Medizin? Wer macht das?

– Ich und meine Geschwister.

– Bravo! Er und seine Geschwister, hat er gesagt. Das gefällt mir. Hast du verstanden?

Aber so ist es nicht immer. Als ich Bischof von Venedig war, ging ich manchmal in die Altenheime. Einmal traf ich eine alte, kranke Frau:

– Wie geht es Ihnen?
– Ach, das Essen, gut.
– Und die Wärme, die Heizung?
– Gut.
– Sie sind also zufrieden?
– Nein. – Und sie fing fast an zu weinen.
– Aber warum weinen Sie?
– Meine Schwiegertochter, mein Sohn kommen mich nie besuchen. Und ich möchte doch so gerne meine Enkelkinder sehen!

Ein warmes Zimmer und Nahrung genügen nicht. Da ist auch noch ein Herz. Und wir müssen gerade auch an das Herz unserer Alten denken. Der Herr hat uns aufgetragen, die Eltern zu achten und zu lieben, auch wenn sie alt sind.

Die Familie – eine Schule der Menschlichkeit

Die Familie", sagt das Konzil, „ist eine Art Schule reich entfalteter Menschlichkeit." In ihr „leben verschiedene Generationen zusammen und helfen sich gegenseitig, um zu größerer Weisheit zu gelangen" (*Gaudium et spes*, Nr. 52). Pius XII. hatte geschrieben: „Das, was ein Kind formt, ist nicht die mündliche, mehr oder weniger systematische Unterweisung, sondern zuallererst die Atmosphäre in der Familie, die Gegenwart und das Verhalten der Eltern, der Brüder, der Schwestern."

Es sind nur wenige Geschwister? Dann werden sich ihre sozialen Anlagen nur unter größeren Schwierigkeiten entwickeln können. Es sind hingegen zahlreiche Geschwister? Dann aufgepaßt, daß jedem einzelnen Kind das nötige Maß an Zuneigung zuteil wird!

Wichtiger jedoch als die reine Zahl der Familienmitglieder ist ihr Charakter.

Notwendige Pausen des Friedens und der Heiterkeit

Dauernd gibt es Streit mit anderen Familien? Und dieser Streit wird durch Haßtiraden und Feindseligkeiten immer wieder geschürt? Dann werden die Kinder zänkisch und rechthaberisch werden! Politische und berufliche Fragen haben euch über das Maß hinaus in Erregung versetzt? Wäre es dann nicht besser, das alles auf einen anderen Zeitpunkt und an einen anderen Ort zu verschieben? Die Familie braucht dringend Pausen des Friedens und der Zerstreuung. Wichtig wäre es, wenn sich alle entspannt an einem Sonnenuntergang erfreuen könnten, am Samstagabend, am freien Sonntag, und wenn sie lernten, die Menschen ganz allgemein mit Sympathie zu betrachten. Zu Hause regiert streng und unerbittlich „die Disziplin des deutschen Stockes"? Für Kinder mit ihrem Hunger und Durst nach Fröhlichkeit wäre das kein geeignetes Klima.

Hundert Kleinigkeiten schaffen eine Atmosphäre

Noch von hundert weiteren Dingen hängt das ideale Klima in der Familie ab: Davon, ob und wie man betet, wie man sich begrüßt und wie man sich bei Tisch benimmt. Davon, wie man die Namens- und Geburtstage feiert, wie man die Verstorbenen ehrt, die Lehrer, die Priester. Auch vom „Gute-Nacht-Kuß"! Die Liste ließe sich beliebig fortführen: Ist der Umgangston zu Hause freundlich oder vulgär? Werden die täglichen Pflichten gewissenhaft wahrgenommen? Gibt es einen angemessenen Freiraum für das Spiel der Kinder, für die Vergnügungen der Jugendlichen und Erwachsenen? Werden die täglichen Sorgen mit christlicher Gelassenheit getragen? Und wie sieht die Einrichtung des Hauses aus? Dient sie einzig und allein dem Zweck, Wohlstand und Luxus zu demonstrieren? Ist sie ausschließlich auf Nützlichkeit ausgerichtet? Oder gibt es etwas, bei den Möbeln, den Büchern, den Zeitschriften, das den feinsinnigen und religiösen Geist der Bewohner widerspiegelt? Jedes dieser angeführten Elemente ist Tag für Tag wirksam, Jahr für Jahr. Nicht ohne in den Seelen Spuren zu hinterlassen, nicht ohne ein ganzes Lebensschicksal zu beeinflussen!

Vier Schillinge für Papa

Ich denke an Therese von Lisieux, die noch im Karmel den erhebenden Einfluß der schönen Sonntage im Familienkreis voll Sehnsucht nachempfand. Ich denke an den kleinen Sohn Darwins, wie er zu seinem Vater sagte: „Papa, ich gebe dir vier Schillinge, wenn du die Arbeit sein läßt und mit mir und meinen Brüdern spielen kommst." Wie sehr verstand es dieser große Mann, sich mit seinen Kindern klein zu machen! Ich denke an den Ehemann, der den Sonntagnachmittag beim Boccia- oder Kartenspiel zubringt. Das ist an sich nichts Schlechtes, damit wir uns richtig verstehen, aber nur, wenn er zuvor mit sich selbst zu Rate gegangen ist: Habe ich dafür gesorgt, daß auch meine Frau ein wenig sonntägliche Erholung genießen kann?

Die Güte in der Familie ist ansteckend
Kommen wir zu einem weiteren Gesichtspunkt. Erinnert
ihr euch an Manzonis Theaterstück „Die Verlobten"? An
Lucia im Hause des Schneiders? Kaum ist sie den Händen
des Innominato entkommen, sehen wir sie bei Tisch,
völlig verwirrt und eingeschüchtert. Der Schneider berichtet von dem Gottesdienst, den er am Morgen besucht
hat; er faßt die Predigt des Kardinals zusammen, wobei er
von den Kindern – auch sie ganz aufgeregt – ständig un-
terbrochen wird. Vor allem aber will er die Predigt, die er
gehört hat, in die Tat umsetzen, und er läßt der benach-
barten Witwe eine großzügige und erlesene Gabe von
seiner Tafel zukommen. „Lucia", sagt Manzoni, „bekam
ganz rote Augen und fühlte in ihrem Herzen erneut eine
erquickende Zärtlichkeit."
So geschieht es auch heute noch. Verlobte, junge Eheleute
sehen andere Familien, und oft finden sie in ihnen ein
Verhaltensmodell und eine Hilfe bei der Bewältigung ihrer eigenen Schwierigkeiten.

Die ihre Schwiegermutter heiraten
„Zu meinem Mann habe ich gesagt: Hast du mich oder
deine Mutter geheiratet?" Das erzählte mir eine Frau
unter Tränen, die große Schwierigkeiten mit ihrer
Schwiegermutter hatte, an der ihr Mann noch hing wie
ein kleines Kind.
„Im Grunde haben Sie recht, gnädige Frau, aber was wollen Sie tun? Das an sich schon bedrückende Unbehagen
noch größer werden lassen, als es ohnehin schon ist?
Sie kennen Frau X? Ja? Kommt sie Ihnen nicht noch viel
unglücklicher vor, als Sie selber es sind? Sie hatte zu
Hause eine kerngesunde Schwiegermutter, bis diese eines
Tages einen Schlaganfall erlitt und seither fast vollständig
gelähmt ist. Die Schwiegertochter muß ihr als Kranken-
schwester dienen: Sie zieht sie an, wäscht sie, kämmt sie,
bettet sie um, legt sie zu Bett, und das schon seit vielen
Jahren. Und fast immer ist sie heiter und zufrieden. Es
scheint wirklich, als ob sie tatsächlich eher die Schwieger-

mutter als ihren Mann geheiratet hätte. Versuchen auch Sie, wenigstens ein bißchen, Ihre Schwiegermutter zu heiraten!"

Das Gegenstück: Beppaccio, das Ehepaar Zero und die Frau zwischen Sohn und Hündchen
Manchmal kommt das gute Beispiel auch von der falschen Seite. Bestimmte typische oder klassische Fälle auf dem Land sollten eigentlich eine Warnung sein, sie sind fast wie Vogelscheuchen, die mitten im Dorf aufgepflanzt sind, die eine hier, die andere dort. Wollt ihr so eine jämmerliche Figur abgeben wie dieses Ehepaar hier oder das andere da? – Willst du im Dorf zu einem neuen Beppaccio werden, der seiner Frau Carlona mit Stockschlägen die Flausen austrieb? – Wollt ihr etwa so enden wie das Ehepaar Zero ... (samt Hund), das keine Kinder haben wollte – erst aus dem einen, dann aus einem anderen Grund – und das sich schließlich mit einem angenommenen Pekinesen-Hündchen zufriedengeben mußte, das die Frau jeden Abend voll mütterlicher Liebe zum Vergnügen der feixenden Menge spazieren führte? – Oder willst du vielleicht wie jene andere Frau werden, die mit dem Dienstmädchen, dem Söhnchen und der kleinen Hündin Tip spazieren ging? Und die, als sie die Straße bei dichtem Verkehr überqueren mußte, zunächst ratlos auf dem Gehsteig stehen blieb und dann entschied: „Marina, du nimmst den Balg an die Hand! Ich werde Tip hinübertragen!" Und so wurde diese bemerkenswerte Prozession beim Überqueren der Straße beobachtet: Vorne weg die Frau, stolz wie ein General, mit hoch erhobenem Haupt, und auf ihrem Arm in Sicherheit – Tip. Dahinter das Dienstmädchen und zum Schluß, mehr schlecht als recht am Rockzipfel des Mädchens hängend – das kleine Söhnchen!
Um es kurz zu sagen: Man lebt mehr von den Beispielen als von Worten. Bemühen wir uns also darum, daß es immer mehr Vorbilder guter Familien gibt – als Ermutigung und als Hilfe für zukünftige neue Familien!

Die Familie stützen und schützen!

Beim „Ad-limina"-Besuch einer Gruppe amerikanischer Bischöfe am 21. September 1978 wählt Johannes Paul I. den Wert der christlichen Familie zum Thema seiner Ansprache.

Die christliche Familie ist so wichtig und ihre Rolle bei der Umgestaltung der Welt und beim Aufbau des Gottesreiches so grundlegend, daß das Konzil von ihr als einer „Hauskirche" gesprochen hat (*Lumen gentium,* Nr. 11).

Laßt uns niemals müde werden, die Familie als eine Gemeinschaft der Liebe zu verkünden: die eheliche Liebe vereint die Ehepartner und zeugt neues Leben; sie ist ein Spiegel der göttlichen Liebe, sie teilt sich mit und ist nach den Worten von *Gaudium et spes* (Nr. 48) in der Tat ein Teilhaben am Liebesbund Christi mit seiner Kirche. Uns allen war die große Gnade geschenkt worden, in eine solche Gemeinschaft der Liebe hineingeboren worden zu sein: es darf uns nicht schwerfallen, ihren Wert hochzuhalten.

Dann müssen wir aber auch die Eltern in ihrer Rolle als Erzieher ihrer Kinder ermutigen – sie sind die ersten und die besten Katecheten. Was für eine großartige und lockende Aufgabe obliegt ihnen: Sie sollen die Kinder die Liebe Gottes lehren, sie ihnen irgendwie begreiflich machen. Und wie leicht könnten mit Gottes Gnade manche Familien die Rolle des „primum seminarium", der ersten Pflanzstätte (*Optatam totius,* Nr. 2), erfüllen: Der Keim der Berufung zum Priestertum wird durch das Gebet in der Familie, durch das Beispiel des Glaubens und die Hilfe der Liebe genährt.

Wie wunderbar ist es doch, wenn die Familien die ihnen gegebene Möglichkeit zur Heiligung der Welt erkennen und verwirklichen: die gegenseitige Heiligung von Mann und Frau und den wechselseitigen Einfluß von Eltern und Kindern. Durch das liebende Zeugnis ihres Lebens kann die Familie dann anderen das Evangelium Christi bringen. Eine lebendige Verwirklichung der Teilhabe der Laien – und besonders der Familie – am Heilsauftrag der Kirche ist eines der größten Vermächtnisse des Zweiten Vatikanischen Konzils. Für dieses Geschenk können wir Gott gar nicht genug danken.

Unsere Sache ist es, energisch diese Verwirklichung weiterzutreiben, indem wir die Familie – und zwar jede Familie – stützen und schützen. Unser eigenes Dienstamt ist hier lebenswichtig: nämlich das Wort Gottes zu predigen und die Sakramente zu feiern. Aus ihm empfängt ja das uns anvertraute Volk seine Kraft und seine Freude. Uns fällt auch die Rolle zu, die Familien zur Treue gegenüber Gottes Gesetz und der Kirche zu ermuntern. Wir dürfen uns nicht davor scheuen, alle in Gottes Wort enthaltenen Forderungen zu verkünden, denn Christus ist bei uns und sagt heute wie einst: „Wer euch hört, der hört mich" (Lk 10,16). Bedeutsam ist die Unauflösbarkeit der christlichen Ehe. Wenn das auch ein schwieriges Kapitel unserer Botschaft ist, so müssen wir es doch im Glauben als Bestandteil des Wortes Gottes, als Bestandteil des Glaubensgeheimnisses verkünden. Gleichzeitig aber müssen wir unserem Volk in seinen Problemen und Schwierigkeiten beistehen. Die Menschen müssen stets wissen, daß wir sie lieben.

Wir möchten heute unserer Bewunderung und unserem Lob für alle Bemühungen Ausdruck verleihen, die unternommen werden, die Familie zu schützen und sie so zu erhalten, wie Gott sie geschaffen hat und wie er sie haben will. Überall in der Welt versuchen christliche Familien, ihre wunderbare Berufung zu erfüllen, und wir sind ihnen allen verbunden. Priester und Ordensleute versuchen, sie zu unterstützen und ihnen beizustehen; diese Bemühungen verdienen größtes Lob. Unsere besondere Anerkennung muß denen gelten, die Brautpaaren bei der Vorbereitung auf die christliche Ehe behilflich sind, indem sie ihnen die ganze Lehre der Kirche nahebringen und sie zu den hohen Idealen der christlichen Familie ermutigen. Ein besonderes Wort der Anerkennung möchten wir aber auch für alle, vor allem für jene Priester hinzufügen, die mit so viel Hochherzigkeit und Hingabe, in Treue zur Lehre der Kirche, in den kirchlichen Gerichten arbeiten, um den Ehebund zu verteidigen, seine Unauflöslichkeit der Lehre Jesu entsprechend zu bezeugen und Familien in ihrer Not beizustehen.

Die Heiligkeit der christlichen Familie ist wirklich ein geeignetes Mittel, die von ruhiger Gelassenheit getragene Erneuerung der Kirche durchzuführen, die das Konzil so heftig ersehnte. Durch das Gebet der Familie wird die „ecclesia domestica", die „Hauskirche", Wirklichkeit und führt zur Veränderung der Welt. Alle Bemühungen der Eltern, ihren Kindern die Liebe zu Gott einzuflößen und ihnen durch das Beispiel des Glaubens zu helfen, stellen ein wichtiges Apostolat des 20. Jahrhunderts dar. Eltern mit besonderen Problemen verdienen unsere besondere pastorale Sorgfalt und unsere ganze Liebe.

Liebe Brüder, wir möchten, daß ihr wißt, wo unsere Prioritäten liegen. Laßt uns alles in unserer Macht Stehende für die christliche Familie tun, damit unser Volk seiner großen Berufung zur christlichen Freude nachkommt und so innerlich wie äußerlich an der Heilssendung der Kirche – und der Sendung Christi – teilhat. Seid versichert, daß ihr selbst unseren vollen Beistand in der Liebe des Herrn Jesus besitzt.

Quellennachweis

S. 7: Anzioni 26. 1. 1969

S. 9: Taffarell 101 u. 93

S. 9f.: MV 78f.

S. 11: Azione 26. 1. 1969

S. 14: MV 225f.

S. 15: MF 226ff.

S. 17: MV 230ff.

S. 22: Azione 26. 1. 1969

S. 23: Taffarel 61

S. 24: Azione 11. 4. 1966

S. 29: Azione 26. 1. 1969

S. 32: MV 79f.

S. 33: MV 258ff.

S. 36: RV 1974, 603f.

S. 39: MA 4/1977

S. 42: Azione 2. 2. 1969

S. 46: Azione 28. 1. 1968

S. 54: Azione 21. 4. 1968

S. 57: Azione 28. 4. 1968

S. 61: Azione 5. 5. 1968

S. 63: Azione 9. 2. 1969

S. 67: MV 245f.

S. 69: Azione 16. 2. 2969

S. 72: Taffarel 108

S. 72f.: MV 80ff.

S. 75: Azione 25. 2. 1969

S. 79: Azione 2. 3. 1969

S. 83: Taffarel 106

S. 83f.: Zaffarel 109

S. 84: Taffarel 110 u. 111

S. 85: BVV 1969, 175ff.

S. 89: Azione 9. 3. 1969

S. 94: MV 247ff.

S. 98: Taffarel 58 u. 55

S. 99: Tafarell 43

S. 100: RV 2-3/1978

S. 105: Azione 30. 3. 1969

S. 110: Taffarel 50f.

S. 112: Briefe 171ff.

S. 117: GA 6. 9. 1978

S. 119: BVV 1969, 147ff.

S. 123: OR 6. 10. 1978

Abkürzungen im Quellennachweis

Azione   = L'Azione. Wochenzeitung der Diözese Vittorio
            Veneto.
Briefe   = Johannes Paul I.: Ihr ergebener Albino Luciani.
            Briefe an Persönlichkeiten, Verlag Neue Stadt,
            München 1978.
BVV   = Bollettino ecclesiastico della Diocesi di Vittorio
            Veneto.
GA   = Generalaudienz
MA   = Messaggero di Sant'Antonio, Padova.
MV   = Albino Luciani: Mein Vermächtnis, Verlag Styria,
            Graz 1986.
OR   = L'Osservatore Romano.
RV   = Rivista diocesana del patriarcato di Venezia.
Taffarel = Francesco Taffarel (Hg.): Papa Luciani racconta,
            Edizioni Messaggero Padova 1998.

(Die Texte des Autors sind in der alten Rechtschreibung
verfasst.)